美国山水的四位灵魂人物

Four Giants of America's Landscapes

王森

目录

前言 　　　　　　　　　　i
1 爱默生论大自然　　　　1
2 瓦尔登湖水涟漪　　　　7
3 梭罗的康河　　　　　　13
4 行者梭罗　　　　　　　20
5 高山在呼唤　　　　　　32
6 走向高山　　　　　　　40
7 沙斯塔山的暴风雪　　　73
8 沙乡年景美如画　　　　105
9 烈烈的绿焰　　　　　　123
10 圆圆的河流　　　　　134
后记　　　　　　　　　　144
参考文献　　　　　　　　146

前言

关于美国山水，前人有不少描绘和论述，但哪几位可称之为灵魂人物，却少有评述。依笔者看来，爱默生、梭罗、穆尔，以及利奥波德，堪称美国山水及自然环境保护的先驱和灵魂人物。

美国自1776年独立，经历了半个多世纪的建国初创阶段，终于在19世纪30年代，迎来其辉煌的思想大家到来的时刻。1836年，拉尔夫·沃尔多·爱默生发表《自然》一书，引起美国学术界的高度关注。1837年，爱默生受邀在哈佛学院优等大学生联谊会的一次成员集会上，发表题为《美国学者》的演讲。在演讲中爱默生提出，学者应就教于自然、书本和行动。在三者之中，爱默生认为，自然最为重要，书本的重要性无需赘言，行动则是为了将思想付诸实践，否则，思想无缘成熟为真理。爱默生关于大自然以及如何成为学者的要素等论述，奠定了他在美国思想界的崇高地位。林肯总统称爱默生为"美国的孔夫子"。

比爱默生年轻 14 岁的亨利•大卫•梭罗，深受亦师亦友的爱默生的影响。1845 年 3 月，梭罗在位于马萨诸塞州康科德郡爱默生所拥有的一片丛林中建造了一间面积仅有 15 平方米的小木屋。当年 7 月 4 日，梭罗搬进木屋，开始了长达两年两个月零两天的简约生活。木屋附近的瓦尔登湖给梭罗提供了每天亲近大自然的绝好机会，他将自己的见闻和感悟写成一部书，即 1854 年出版的《瓦尔登湖》。美国著名诗人罗伯特•福斯特，在 1922 年给他的一位朋友的信中评价梭罗说道："在一部书中，他超越了我们全美国所拥有的总和。"

当年仅45岁的梭罗因肺结核于1862年去世时，约翰·穆尔正在威斯康辛大学读书。穆尔日后成为美国历史上的荒原保护第一人，在精神层面极大地受教于爱默生和梭罗的著作。如果说19世纪中叶美国山水的领军人物是爱默生和梭罗的话，穆尔则是美国19世纪后期当之无愧的环保领袖。以大山为家的穆尔，倾毕生精力，推动美国西部的荒原保护，被后人誉为"美国国家公园之父"。

当美国进入20世纪初期，生态保护的呼声与自然资源利用的浪潮并存。随着第一次世界大战的结束，美国跃居世界最强国家的宝座，取代大英帝国的位置。1909年，一位从耶鲁大学硕士毕业的林业工作者加入新成立不久的美国林务局，他便是奥尔多·利奥波德。入职的第一年，22岁的利奥波德朝气蓬勃，自告奋勇要求到位于美国西南部的边远国有林区工作。利奥波德被分配到位于亚利桑那州的阿帕奇国有林区担任助理林务官，工作内容包括森林勘测、护林、以及猎杀诸如熊、狼和美洲狮等大型动物。当地的牧场主因丧失过许多牲畜而痛恨这些猛兽。

一天，利奥波德开枪击中一头野狼。当他走近倒地的野狼时，从奄奄一息的老狼的双目中，看到了一束绿光在烈烈闪亮。利奥波德的心顿时震颤，如同僧人所言的证悟一般，与狼对视的那一刻，彻底改变了他的生态观。在此后的将近40年中，利奥波德从一个单纯热衷于狩猎的林务官，成长为美国顶尖级的野生动物保护专家。1948年，利奥波德把自己一生的专业知识、野外观察与深度思考，写成了一部著名的《沙乡年鉴》，于1949年发表。利奥波德的土地伦理学，在面世之初并未受到重视，然而，当世界进入 20 世纪 70 年代，全球环境保护运动方兴未艾，利奥波德超前的思想风靡世界，成为环保运动的精神指南。

本书从自然文学的角度，选取了爱默生、梭罗、穆尔和利奥波德的代表作，进行了详尽的解读。作为美国思想界的先驱人物，爱默生的《自然》犹如美国山水的一泓清泉，汩汩不休，从春到秋。

梭罗以其《瓦尔登湖》闻名遐迩，他的作品语言优美，斐然成章。梭罗将水光云影的自然之美，融入对瓦尔登湖畔丛林和草甸的描写之中，不愧是大家手笔。然而，梭罗泛舟康科德河之后创作的散文亦是不可多得的美文。此外，梭罗的《行走》一文，也是一篇佳作。

穆尔一生发表了众多的作品，多以大山为题材。穆尔以自然之眼观物，用饱含自然之美的语言，创造出瑰丽雄奇的艺术境界，此种境界真可谓是逾百年而不衰。读穆尔的作品，犹如观赏一幅又一幅的瑰丽山水画。穆尔留给读者无尽美感的同时，也留下了对宇宙和荒原的无尽遐想。在美国西部的群山之中，穆尔尤其钟爱塞拉山和沙斯塔山，因此，特选取两篇文章，用以表现穆尔的高山情怀和精神取向。

利奥波德以《沙乡年鉴》著称于世，他的作品遣词清丽，佳句连篇，感人肺腑。他细致入微地体察一草一木的动静、一花一叶的变化。在书中"沉思如山"一章里，利奥波德记叙了他和同事在美国西南部林边河畔的一次射杀野狼的经历。当利奥波德奔下山岗，对视着中弹致命前冒出烈烈绿焰的老狼的眼睛时，他的内心受到了雷霆般的震动，这一幕牢牢地印在了他的脑海，成为改变他对野生动物观点的里程碑事件。除《沙乡年鉴》之外，利奥波德的另一部名为《圆河》的遗作，进一步补充阐明了他对人类与土地的伦理关系乃至人类在整个生态体系中所处位置的世界观。

　　让我们通过本书的 10 个章节，感悟爱默生深邃的自然哲学观、梭罗笔下水波潋滟的康科德河、穆尔眼中蔚为大观的塞拉山飞瀑、利奥波德与花鸟共忧乐和对土地伦理的思索。诚然，一代人有一代人的文学，但爱默生、梭罗、穆尔和利奥波德，因其著作悠长深远的意境，已经升华为美国山水的灵魂人物，他们四位的超前思想绵延传承，业已融入美国的文化核心，成为激励美国大众乃至世界各地当今和未来环保活动人士的不朽丰碑。

1 爱默生论大自然

拉尔夫•沃尔多•爱默生（Ralph Waldo Emerson），美国作家、诗人、哲学家，1803 年生于波士顿。1817 年入学哈佛主修希腊语、拉丁语、历史和修辞学，1821 年毕业。1832 年赴欧洲游历，拜访众多名人学者，包括英国浪漫主义诗人华兹华斯、湖畔诗人柯尔律治、英国史学家托马斯•卡莱尔。1833 年 11 月返回波士顿，开始教学。1836 年发表第一部著作《自然》。1847-48 年，赴英格兰讲学，1872-73 年，再赴欧洲讲学，并访问埃及。1882 年，卒于康科德镇。

爱默生的《自然》一书，称得上是美国自然文学的开山之作。该书自 1836 年发表之后，深刻地影响了近 200 年来的美国思想界，开美国环保运动之先河。

爱默生提出，大自然并非一草一木，而是山水林田地貌的集聚。《自然》一书的第一章标题正是"自然"。在文章里，爱默生娓娓道来："今天早晨我目睹的迷人风景，毫无疑问，至少是由二三十个农场组合而成。米勒家拥有这一块田，洛克占了那一块地，而曼宁的地产在小树林的另一端。他们中间的任何一家并不拥有整个风景。在远方的地平线上有着一宗资产，它不属于任何人，可有人能用自己的目光将四处的风景总览在一起，此人非诗人莫属。这般风景是农场主各个庄园中最佳的部分，然而，谁人的地契都不曾写有地景之美。"这种由无数自然物体合成的完整统一性，反映出大自然的诗情画意。

在爱默生看来，自然之美千变万化，大自然从来不会表现出贫乏单一的样貌。爱默生在文中写道："并非只有太阳与夏季才是令人愉悦的。每个时辰、每一季节都会产生其喜人之处。道理在于，每个时辰、每一变化都对应并生成一种不同凡响的心灵状态，从悄无声息的正午，到夜幕沉沉的子夜。大自然是一面背景，它既可做喜庆场合的幕布，也同样可做哀痛时的陪衬。"大自然的奥秘高深莫测，即使自我感觉最为聪明的智者，也莫希冀能够穷尽大自然的秘密。

爱默生郑重宣布：自然之美寓于心。爱默生说："成年人能够亲眼目睹自然者寥寥无几。大多数人对太阳视而不见。他们充其量只是一掠而过。太阳仅仅照亮成年人的眼睛，却能透过孩子的眼睛照亮其心灵。热爱大自然者是那种内外感官仍然协调一致者，这样的人在成年之后，依然保有童真。此等人与天地的交流，成为其日常膳食的一部分。"

爱默生发现，田野与丛林所引起的欢愉之情，暗示着人与植物之间的一种超然关系。"产生这种欢愉之情的力量并不在于大自然，而出自于人的心灵，或者出自于心灵与自然的和谐之中。"

置身丛林之中，人的心间会感到极度的愉悦。爱默生说："人在丛林里能永葆青春。"同样，身处旷野之间，爱默生感到梦幻般的奇妙。"站在空地上，我的头颅沐浴在宜人的空气中，我好似飘向无垠的长天，一切卑微的私念全都荡然无存。我变成一枚晶莹剔透的眼球，我虽无我，却洞悉一切。"在荒野中，爱默生发现了某种比在街巷中或村镇里更为亲切、而又与生俱来的气氛。"在静谧的田野上，尤其是在远方的地平线上，人们看到犹如其本性一般美好的东西。"

《自然》一书的第二章标题为"商品"，爱默生在文中写道："大自然在服务于人类时所提供的不仅是物质，亦是过程与结果。自然界的各个部分都在不停顿地相互协作，以便造福于人类。大风散播种子，太阳蒸发海水，清风则把水蒸气吹向田野。此端的降雨冷凝为地球彼端的冰块，雨水浇灌了植物，植物又养育了动物，于是，这种上苍恩泽的无尽循环哺育了人类。"

《自然》一书的第三章标题为"美丽"，爱默生对于大自然之美做了美轮美奂的描绘。"城里的居民以为乡间只有半年的好风景，我却钟情于冬季风光的优雅，并且深信，冬天的美景就像夏天宜人的景致一样令人感怀。对于明察秋毫的人来说，一年中的分分秒秒都有其独特的美丽。即使在同一片田野里，每个时辰的景象也会是前所未有，而又不复重现。天空时时都在变幻之中，辉煌也好，阴暗也罢，全都反射到地表之上。四周农场的庄稼日渐成长，地貌也随之变换。草场与路边的乡土植物演替更迭，默默地宣告夏季时光之变，令观察入微者能对不同时段的变化道出个子丑寅卯。鸟类与昆虫的活动也像植物一样准时无误，它们相互追逐，尽享一年之内的美好时光。水面上，景象繁多。七月里，我们这条可爱的小河浅水处长满了大片的蓝色雨久花或梭鱼草，黄蝴蝶成群结队地在花丛中飞舞。任何图画也敌不过这般绚丽的美景。真真切切，这条河实在就是一条永不褪色的画廊，它逐月呈现出一幅崭新的画卷。"

爱默生呼吁众人亲近大自然。在发表于1867年的"美琳之歌"一诗中，爱默生深情地敦请人们：

> 沐浴阳光下，
> 畅游沧海中，
> 餐风饮琼浆。

2 瓦尔登湖水涟漪

到美国东北部,一定要造访名城波士顿。除了哈佛、麻省理工学院等名校要看一看,列克星顿打响美国建国第一枪的小镇也是必访之地。然而,距离波士顿仅二十多英里的瓦尔登湖则更有天然的韵味,因为,那里是美国环保运动的精神源泉,抑或说是美利坚合众国的金色池塘。

美国独立战争的第一枪,在康科德的列克星顿小镇打响。距离列克星顿半哩之外,还有一个如今大名鼎鼎的瓦尔登湖。瓦尔登湖因亨利•大卫•梭罗(Henry David Thoreau)发表于 1854 年的作品《瓦尔登——森林中的生活》而闻名于世。

梭罗生于 1817 年,卒于 1862 年。在他短暂的 45 年人生当中,有两年零两个月,是在瓦尔登湖畔的一间自己搭建的小木屋中所度过。梭罗的小木屋,长 16 英尺,宽 10 英尺,即不足 15 平方米。修建小屋的总成本为当时的 28.12 美元,所用材料梭罗在他的书中都作了详尽的记录。屋内家具十分简易,包括一张小床,一张小桌,一张课桌,三把木椅。餐饮器皿也异常简单,包括一只水壶,一把木勺,两副刀叉,三个饭碟,一只水杯。

梭罗在其著作《瓦尔登湖》里讲到:"我来到林中生活,是为了专注地生活,只面对生活中最基本的元素,来学习生活所能教我的东西,不然的话,当我死去的时候,我会发现自己没有真正生活过。我不想过那种并非真正意义的生活,活着是太宝贵了,我想活得深深的,吸吮出生命中全部的精髓。"

瓦尔登湖的面积为 26.1 公顷。水体呈不规则形,西侧较宽,东侧偏窄，水最深处达到30米。绕湖一圈，总计2.7公里。

梭罗盛赞瓦尔登湖的美丽。他在书中写道："湖是地表最为美丽最富于表现力的物体。湖是大地的眼睛，凝望湖面，观者可测出自己内在本能的深度。湖岸的乔木好似围拢水面的细细的眼帘，林木装点的小丘和峭壁，则是高悬水上的眼睫。"

如今，瓦尔登湖已经成为马萨诸塞州的州立公园。每天的游客数量实行一定限制，不仅控制小轿车的进场数量，而且，禁止汽车在公园入口处停靠和上下乘客。

清晨，我们来到瓦尔登湖公园的停车场，支付了10美元的停车费。穿过公路，来到公园的入口处。

湖水清澈见底。沿湖的步道，林木郁郁葱葱。湖边有三三两两的垂钓者。随机与三名当地人攀谈。

第一位大约四十多岁，从他那专注的神情来看，显然是个钓鱼的老手，也是这里的常客。随便聊了几句口边的问候语之后，我问他是否晓得梭罗这个人。他答道："好像听说过有这么个人，在附近居住过一段时间，还来这里钓过鱼。"渔夫毕竟是渔夫，虽然对梭罗的大作不甚了了，却晓得梭罗也曾在湖边垂钓。

走不远，碰上一个五十开外的大汉，十分健谈。三言两语之后，得知他曾经是个生意人，最近刚刚退休。当话题转向梭罗，大汉快言快语，说知道这么个人，曾经在附近住过，好像写过一本书。同前一位垂钓者相比，此人对梭罗略知一二。

瓦尔登湖，东西长，南北窄。当沿着湖岸步行至最东端时，放眼望去，灿烂的阳光从头顶洒过，落在波光粼粼的湖面上。此时，湖边出现两块滚圆的大石头，刚好供游人落座小歇。一位脚踩舢板的老人，出现在眼前。看那斯文的样子，应该是个学者。果不其然，此人是波士顿大学医学院的内科医生和教授。话题很快转向梭罗，教授不愧是教授，把梭罗的生平讲得滚瓜烂熟，连梭罗居住过的小木屋修建的过程，都描绘得丝毫不差。教授的渊博知识，以及他对瓦尔登湖的环保意义，反映了美国精英阶层的思想取向。

随机访谈的三位人士，似乎代表了美国三个不同阶层人士的知识水准。瓦尔登湖对不同的人，确实有不同的意义。边走边看，不觉已经个把小时。阳光洒满了整个湖面，微风吹过，水波涟漪。不觉之间，来到了湖畔的出口处，一块深褐色的木牌上标出 WALDEN 的字样，显得平淡无奇，这大概刚好符合梭罗倡导简约生活的本意。

瓦尔登湖从梭罗所处的 19 世纪中叶到今天的 21 世纪初，历经一个半世纪，默默地见证了美国环保运动的兴起和发展。美国著名诗人罗伯特·福斯特说："在一本书里，梭罗超越了我们全美国所拥有的一切。"美国作家约翰·乌布提克写道："瓦尔登湖这本书，已经成为重返大自然的图腾，其作用几乎堪比圣经"。波澜不惊的瓦尔登湖，因梭罗的作品而闻名遐尔，成为美国环境保护运动的源头活水。

3 梭罗的康河

美国作家亨利·大卫·梭罗，以《瓦尔登湖》闻名于世。梭罗崇尚大自然，倡导简约生活，在他短暂的 45 年生命里，写下了不朽的篇章，为美国乃至全世界的环保爱好者留下了宝贵的精神财富。

梭罗的一生，大部分是在距离波士顿二十多英里的康科德镇度过。康科德有一条小河，1839 年，梭罗从哈佛学院毕业之后的第三年，与他的哥哥约翰，乘兄弟二人自己建造的小木船，作了一次康河之旅。此次泛舟之行的见闻，对于梭罗来说，可谓刻骨铭心，他在日后闲居瓦尔登湖的那段时间里，将自己的观想写成一部游记，于 1849 年发表。这便是梭罗的第一部著作，书名叫做《泛舟康科德河与梅利麦克河的一周》，该书印刷总量为一千册。

遗憾的是，作品出版之后，仅售出215册，梭罗向亲朋赠送了75册，其余700多册悉数躺在梭罗家中的屋角和床下。为了出版此书，梭罗欠下了几百美元的债务，他用了数年时间方才还清欠债。

今天，让我们跟随梭罗的文字，来一次纸上的泛舟之旅，游历一番19世纪上半叶的康科德河。

在康河一文的开篇，梭罗引用了美国大思想家爱默生的诗句：

> 矮山脚下旷野间，
> 印第安小溪水横流。
> 清风知晓这里曾是印第安男女的地盘，
> 旧时的烟斗和弓弩常被犁铧触翻。
> 新近倒下的松干筑成了屋舍，
> 昔日的部落换了主人，
> 变成耕者的家园。

当地印第安人称这条溪流为玛斯凯塔基，意思是草甸河。梭罗在文中首先坦承，康河的名气远逊于尼罗河或者幼发拉底河，然而，它却有着不平凡的过往。1635年，首批来自英国的移民被此地丰美的水草所吸引，康科德成为此间两岸新的称谓。

康河有两处源头，一是霍普金顿的南端，另一处是威斯堡的大沼泽地形成的天然湖。河水流经萨德贝和韦兰两地时，周边的小溪纷纷投奔康河。康河一路都采取来者不拒的姿态，最终将所汇入之水，倾泄入位于劳埃尔的梅利麦克河。

梭罗三言两语，描绘出了康河的发源和路径。接下来，梭罗笔锋转向康河的四季之变。夏天，康河的深度由枯水期的4英尺涨到14英尺，河宽由100英尺拓至300英尺。春天汛期，河水漫过河堤，有些地段甚至能宽达一英里。三月的春风吹皱水面，海鸥和野鸭四处游荡，远处的赤杨草地和更远处的枫树，将康河的水面围成休伦湖般的浩瀚场景。河水上涨时，萨德贝岸边高地的农舍，尽享河畔美景，而韦兰一侧却常常遭受水淹之苦。

在梭罗的眼中，康河两岸风景如画，那田野、矮丘、众多的溪流、农舍、马厩、夏日的草垛、以及许多张不曾谋面的男人辛劳的面庞。

微风吹起阵阵水花，春草葳蕤，夏木阴阴，秋天摇曳的芦苇。梭罗毫不吝惜笔墨地描绘了康河岸边的各种水鸟和草木。农夫和猎手的生活场景也没有逃过梭罗的双眼，在他看来，这些劳动者比古代诗人荷马、乔塞和莎士比亚还要伟大，只不过他们从未得闲动笔罢了。虽然这些人的生活未能见诸纸端，但大地见证了他们的劳作，看看那些伐倒的林木、焚烧的荒草、翻动的土壤、和犁耙过的田垄。

梭罗感叹道，昨日已成历史，今天也将消逝，唯有大自然永恒。

那些草木，任凭风吹雨打，生生不息。梭罗乘兴作诗一首：

> 可敬的人们
> 他们何以为居？
> 在橡树下私语
> 在草垛旁叹息
> 暑往寒来，昼夜不歇
> 他们露宿草甸
> 顽强向生
> 没有抽泣，没有哀嚎
> 亦不曾讨要怜悯
> 泪眼涟涟
> 为的是修筑一座美好家园
> 对每一位过往者都有求必应
> 感佩海洋的富有
> 岁月的长久
> 山岩的力量
> 星辰的光亮
> 漫漫长夜
> 忙碌的白昼
> 闲暇时的玩耍
> 无尽的欢唱
> 感恩所有的施主和每一位亲朋。

康河水流无比舒缓，有人将之归结为康科德镇居民的温存性格，尽管这里曾经打响美国独立战争的第一枪。梭罗道，曾有人建言，康科德镇的徽标应在四边让康河九次环绕。更有人说，康河水流澹澹，之所以称之为河，是因为，每当康河的缓流拐过一道弯，河水会突然现出湍急之态。还是印第安人言之有理，称之为草甸河才最为贴切。当河水漫过草地，与岸边的橡树擦身而过时，一行行矮柳俯身河畔。观望河水的还有枫树、赤杨、葡萄藤上的紫色、红色和白色葡萄。顺流而下，到了浅滩地段，岸边出现灰色和白色的房屋。康河悠然流过草甸、平川和沟谷，自西南向东北延伸 50 余英里。

梭罗感叹道，人们常常对地球另一侧的江河津津乐道，甚至对那里史上的铠甲英雄故事耳熟能详，却对自家近旁的康河知之甚少。在梭罗看来，密西西比河、恒河、尼罗河以及那些发源于落基山的河流纵然大名鼎鼎，然而，康科德的小溪亦不可小觑。梭罗心中最想吐露的话是，第一批行者定然是沿着溪流开辟出了最初的路径，流水将行者带往远方的沃土和内陆深处，河流是各个民族的天然高速路，河水不让高地，翻滩越壑，让行者止渴，给行者安宁。更有甚者，河流将美景呈现，使我们的世界变成动植物的乐园。

在康河一文的结尾，梭罗写道，他常常驻足康河岸边，观享潺潺流水，眼见河床的水草令水流放缓，之后依依不舍地向下游而去，途中河水抚摸着每一块闪闪发光的鹅卵石、每一片碎木和每一条草丝，偶然也会触碰河畔的树干枝桠。望着这般河水，梭罗内心不再抗争，他将自己的身心沁入水中，随一叶扁舟，沿着康河徐徐而行。

4 行者梭罗

1862 年,梭罗在《大西洋月刊》发表了一篇散文,标题为《行走》。

开门见山,梭罗说,他想为大自然说句话,为了绝对的自由和纯粹的野性。人应被视作大自然的一员,换言之,人应该是大自然的组成部分。

梭罗的《行走》一文,是这样展开的。"我平生仅遇到过一两位懂得行走艺术之人,他们晓得,行走为的是漫步。"漫步一词,其原意是指中世纪时的闲暇客,打着朝圣的旗号,在乡间东游西逛,讨求施舍。梭罗称这样的人为无田无家者,好听的说法是居无定所,以四海为家之人。梭罗将一个游逛之人,看作是一条蜿蜒的河流,执着地寻找流向大海的捷径。

梭罗把每一次行走都看作是一次朝圣之旅。他认为，一个人如果已经拿定主意，准备去告别双亲、兄弟姐妹、妻小和友人，决意与他们永不再见，假如此人还清了自己全部的欠债，并写下了遗嘱，处理掉所有事宜，他就变成了一个自由之身，便可以上路行走啦。

梭罗所说的行走，与锻炼身体完全是两码事。梭罗坦承，除非每天花至少四个小时，摆脱日常杂务的烦扰，徜徉于丛林和山野之间，否则的话，他就无法保持身心健康。

常常在户外活动，餐风露宿，无疑能使人的性格增添几分粗犷，使人的善良本性，外在地生出一层厚厚的表皮，让人的脸颊生出沧桑之感，双手变得粗糙，不再细嫩。相反，一直呆在室内，人虽然能够保持细皮嫩肉，但不免会过于敏感。皮肤是否粗糙或细嫩，匀称就好。天然的比例，自然是像昼与夜或春与夏那样为宜。在梭罗看来，劳动者长满老茧的手掌，条条纹路都包含着自尊和勇敢气概，当触摸之时，比软绵绵的手指更能感动心扉。

做了上述铺垫之后，梭罗开始步入有关行走的正题。"当我们行走的时候，自然而然，我们要走向田野和山林。如果单单走在花园或商场，那有什么益处？"

行走给梭罗带来奇妙的快感。梭罗抱怨道，随着人类所谓的各种进步，诸如房屋的修建，大树的砍伐和森林的消失，地貌变得温驯和低廉。

梭罗说："我能随意步行 10、15、20 英里，无需经过任何一座房屋，或跨过任何一条道路，沿途我能看见狐狸和紫貂，先是沿着河流和小溪漫步，然后是走进草甸和树林。"

梭罗站在山岗上，远远望见民居和文明的各种表象，包括各式的人际活动、教堂、学校、商街、工厂和农庄。他感到欣慰的是，上述这些所谓的文明，只占据田野之间的一小部分。

若干条道路通向村庄。村庄与道路的关系，梭罗将其比作一汪湖水以及与湖水相连的河流，村庄犹如躯体，道路好似身躯的四肢。

梭罗讲解道，村庄一词源自拉丁文 *Villa*，含有 *Via*，即道路的意思。再往古时回溯，能寻到"搬运"的含义，换言之，*Villa* 是物品搬来运去的所在。道路是给马车和商人修建的。梭罗说，他不大使用道路。每次走出家门，梭罗是要走向大自然。

梭罗认为，在他所处的年代，最佳的地界并非私家所有。田野不在任何人的名下，因此，行者能享有相对的自由。梭罗担心的是，有朝一日，十里八乡很可能会被分割成条条块块，变成游乐场所，那样的话，游乐将变得即狭窄，而又带有专属特性。当四处竖起了篱笆，行者走着走着，本来是上帝的土地，却被说成是侵犯了某人的地盘。趁着还有机会，让我们尽享自由吧。

人为何要行走？梭罗直言，大自然有着妙不可言的磁力。"当我走出家门，不晓得向哪边移动脚步的时候，全凭感觉，我会不由自主地朝西南方向走去，朝着树林、草甸，或已被遗弃的草场或山岗走去，总之，我去往的方向是在西边和西南之间。未来对我来说是在那个方向。向东走的话，我会十分吃力。西行时，我会感到无比自由。西边的森林绵延到夕阳西下的地平线，我越来越远离城市，退向荒野。我走向俄勒冈，而非欧罗巴。我们这个国家正在向西走去。"

梭罗接下来说:"我们向东走,去了解历史,学习文化艺术,回顾我们所走过的脚步。我们向西走,是以拓荒的精神走向未来。大西洋是一条雷瑟溪[1],忘掉旧世界及其制度吧,去太平洋的雷瑟河,那里比大西洋宽出两倍。"

梭罗满怀激情地说:"每一次日落,都会激励我走向遥远的西部,走近太阳落下的山岗。太阳好似每天都在向西部移动,引诱我们追随。各个民族都在追随着西进的拓荒者。整个夜晚,地平线彼端的山岭,都在我们的梦中,大西部裹在迷幻和诗歌之中。"

梭罗感叹道:"在地球表面,上哪里去寻找合众国所占据的如此富饶、如此肥沃、物产如此多样的地方?英国旅行家弗朗西斯·海德爵士说过,相较于欧洲的旧世界,美利

---

[1] 在古希腊神话中,雷瑟河被称为"遗忘之河",饮用该河之水,人会丧失记忆。

坚的天空更高，更加湛蓝，空气更加清新，冷起来则更刺骨，月亮更大，星星更亮，雷声更响，电闪更加耀眼，风更加强劲，雨更急，山更高，河更长，森林更大，平原更广。"

梭罗所说的西部，其实是狂野的代名词。梭罗最想表达的思想是："世界孕育于荒野之中。每一株树所萌生出的纤维都在寻觅着野性。人类的犁耙常年在与田野打交道，航海家同样在探求野性。森林和荒野供给着琼浆和让人类蔽体的衣裳。我们的祖先正是野人啊！"

梭罗认为，生命包含野性，最狂野的则最具活力。勇往直前者、永不停歇者、永远向生命索求者，会永远追寻新的田土或新的荒原。对梭罗来说，希望与未来，并不在草坪和耕地上，亦不在城镇，而在致密而又颤动的沼泽之中。

梭罗说:"我的精神是外向的,我向往海洋、沙漠、或者荒原。"梭罗坦言:"当消遣时,我寻找密不见光的森林,那里蕴含力量,那里有大自然的精髓。"因此,梭罗说:"保护野生动物,意味着为其建造一片供其居住和归隐的森林。"

梭罗发现,在文学作品里,真正吸引读者的其实是带有野性的内容。《哈姆雷特》和《伊利亚特》中的自由和野性的思想,才令人兴奋。野鸭比家鸭更迅捷,更漂亮。相比而言,英国文学野味不足,充其量只有什么绿林好汉或罗宾汉等。梭罗为找不到值得引用的狂野诗句而慨叹不已。

在《行走》一文中,梭罗铿锵有力地说:"西部将把她的故事汇入东方已经诞生的寓言之中。恒河、尼罗河、莱茵河,它们各自有着属于自己的伟大故事,让我们期待着亚马逊河、奥里诺克河、圣劳伦斯河，以及密西西比河的杰作。世界的诗人们将会被美国的神话所打动。"

简而言之，在梭罗看来，一切美好的东西一定是野性和自由的。大自然母亲，既伟大，又野性，她袒露在四野之中，如此美丽，如此满怀爱意。

梭罗大声疾呼道："让草甸多一分泥土，让耕田多一寸厚厚的泥土，而非冒着热气的堆肥。我不想让每个人都被驯服得太过温顺，别象每一亩土地那样被精耕细作似的。拿出一部分土地耕种足矣，大部分应留给遥远的未来。"

梭罗呼吁道："走向草滩吧，吃干草太久太久，春天来了，去尝尝鲜草的味道吧。"

梭罗感叹道，几乎所有人都钟情于人造社会，心系大自然者寥寥无几。我们当中，真正欣赏大地之美者凤毛麟角。让我们活得更自由些，做朝露之子。

梭罗不无叹息地说："在新英格兰，每年造访的鸽子数量日趋减少。我们的森林不再提供高高的桅杆材。人们的思想翅膀变得像家禽一般，不再能够高飞翱翔。"

梭罗呼吁人们去拥抱大地，若能爬树，该有多好啊。梭罗回忆起他的经历："我爬上了山顶的一株白松，欣喜地发现从未谋面的地平线尽头的又一座山岭，还有更远的大地和苍穹。"

梭罗饱含深情地述说："去年十一月的某一天，残阳如血，我走在草甸上，脚下溪水潺潺。阴冷了一整天过后，太阳在落山之前，露出笑脸。晚霞打在地平线上，一缕柔软无比、艳如晨辉的霞光，落在远方的草垛和树干之上。半山腰矮橡树的叶片，沐浴在金光之下，人们的身影拉得长长的,一束束彩带照耀着向东侧倾斜的草甸,那景色有如天堂般美好。回想起来,这并非独一无二的景象,而是会一次又一次,在无穷多的傍晚再现。夕阳徐徐垂下最后一抹余晖,房舍的踪影模糊起来,城镇陷入暮色之中。偶有一只沼泽鹰或麝鼠,从小巢探头向外窥视。沼泽中的一条小溪,绕着一坨腐朽的树桩蜿蜒流淌。走在这般纯洁的草地和树叶间,我想,平生以来,这是我第一次走在这般金滩之上,虽然水波不见,却能听到低低的呻吟。每株树木的西侧,都闪耀着天堂般的喜乐之光。人们背部的夕照,象一位温和的牧人,驱使着人们在苍茫暮色中,走在回家的路上。"

在《行走》一文的结尾处,梭罗道:"我们朝着圣地徜徉而去,直到有一天,太阳的光芒辉煌熠熠,照进我们的心房,用醒目之光,照亮我们整个人生,象秋水边的阳光那般温柔、静谧和金光闪烁。"

5 高山在呼唤

约翰·穆尔 1838 年出生于苏格兰当巴镇，10 岁时随家人移居美国，青少年在威斯康辛州的家庭农场度过。1860 年，穆尔进入威斯康辛州立大学，在校期间深受自然历史学教授卡尔的影响，并与卡尔教授夫人吉安成为知近的朋友。卡尔夫妇与美国著名思想家爱默生过从甚密，因此，卡尔夫人将爱默生的著作强力推荐给穆尔。

1867 年 3 月，穆尔在一家工厂打工时不慎受伤，右眼几乎失明。经过数月的疗伤修养，当年九月，穆尔从肯塔基州徒步一千英里，三个多月之后抵达佛罗里达州。日后，穆尔将该次远足经历写成一部书，名为《千哩之行远足墨西哥湾》。1868 年 1 月，穆尔从佛罗里达乘船前往古巴。由于健康原因，加之盘缠短缺，穆尔被迫放弃原定游历南美洲的计划，转道巴拿马乘船至美国西海岸的旧金山。不久之后，穆尔徒步东行，来到加利福尼亚州东部的崇山峻岭，他对优胜美地峡谷的冰川地质构造发生了浓厚兴趣。经过深入研究，穆尔形成一套自己的理论。穆尔的冰川生成理论，受到加州大学地质学教授乐康特和麻省理工学院院长伦克勒的重视，后者甚至邀请穆尔到麻省理工学院任教，但是穆尔婉言谢绝。

1869 年，卡尔教授辞去威斯康辛大学的教席，与夫人一道搬至加州的欧克兰镇。经卡尔夫人安排，美国著名学者爱默生于 1871 年 5 月前往美国西部各州讲学。爱默生与穆尔一见如故，两人结为忘年之交。爱默生感佩穆尔的渊博学识，诚邀穆尔返回美国东海岸，到哈佛任教，讲授他的冰川理论。穆尔谢绝了爱默生的诚恳邀请，他在日记中写道：

"为了一个教授席位而放弃上帝的大秀之作,这样的念头从未在我的脑海中闪现。"穆尔坚持留在西部的群山之中,以便继续他的山地研究事业。此后,爱默生与穆尔的友谊持续多年。晚年的爱默生,甚至将穆尔放入对自己产生巨大影响的要人名单之中。

穆尔对美国西部山峦的热爱达到痴情的程度。每次徒步考察优胜美地山谷,穆尔的行囊中必不可少的物品包括爱默生和梭罗的作品。穆尔曾表示,山风烈烈,夜幕沉沉,在熊熊的篝火边,翻阅爱默生的《自然》和梭罗的《瓦尔登湖》,实在是特别惬意之事。

穆尔的一生是游历四方的一生。在其后半生,穆尔的足迹遍布美国西部山区,并且四次到访阿拉斯加。穆尔用他的妙笔记录了美西山峦的秀丽。更重要的是,他为了荒原和森林的保护,做出了不可磨灭的贡献。在穆尔的四处奔走和不懈努力之下，美国国会于1890年通过一项法案，设立国家公园体系。1892年，优胜美地国家公园得以建立。

1892年，穆尔和若干热衷荒原保护人士创建塞拉峰峦俱乐部，穆尔受众人推举，成为俱乐部的首任主席，并在其后的22年中继续担任主席的职务，直至他1914年病逝为止。

1903年5月，穆尔原本已经准备启程赴亚洲和欧洲作一次长途旅行。忽然，他接到西奥多·罗斯福总统的亲笔信，告诉他即将到访加州，并要考察优胜美地山谷。罗斯福总统在信中说："我只要你单独陪同我，我要完完全全地把政治抛到一边，用四天时间在野外与你相处。"两人在高山深谷间彻夜长谈，这一夜令总统先生永生难忘。罗斯福总统后来在一次演讲中说："深夜里仰卧在参天的红杉树下，犹如露宿在上天之手建造的庙宇中，这个庙宇远远大过任何人力所为。"

1914年圣诞前夜，穆尔因患肺炎，在洛杉矶加利福尼亚医院逝世，享年76岁。

穆尔在其后半生以大自然为家，他尤其将塞拉内华达山脉视为自己的家园。塞拉内华达山脉南北长640公里，东西宽110公里，大部分位于加州境内，只有一小部分位于内华达州境内。塞拉内华达山脉峰峦叠嶂，峭壁耸立，海拔4414米的惠特尼主峰是美国本土48州内的最高峰。穆尔将塞拉内华达山脉描绘成"上帝的山庄"。穆尔不仅视高山为家，同时对山中一石一草倍感亲切。他在一篇日记里写道："碎石似乎在低低私语，是那么富有同情心，犹如兄弟一般，毫不奇怪，我们大家都同父同母啊！"晚年的穆尔，在其作品中屡屡使用自然之家的比喻，不懈地推动荒原的保护。

穆尔把自己在加州马提内的家称为遮风挡雨的好地方，在那里写作，养儿育女。然而真正的家，他手指塞拉山峦的方向，饱含诗意地说："那里才是我的家园。"

穆尔一生著作颇丰，共撰写12部著作和300多篇文章。《加利福尼亚的群山》是穆尔所发表的第一部书，也是他的代表作之一。在该书第四章"近观高高的塞拉山"中，穆尔写道："走向大山就像回家一样，山中的野岭清泉，四周的嶙峋怪石，一切都显得那么熟悉，令人产生似曾相识的感觉。"依笔者之见，在穆尔所发表的作品里，《我在塞拉山的第一个夏天》最为引人入胜。该书记叙了穆尔于1869年6月3日至9月22日在塞拉山牧羊的经历，他对优胜美地山谷的描写，令人拍案叫绝。穆尔在书的末尾写道：我们在春末离开山麓牧场时，2050只绵羊瘦弱如柴，而在夏末返场时，

2025只羊膘肥体壮。损失的25只羊归咎于黑熊、响尾蛇、走失、以及正常餐用等原因。在全书的末段，穆尔深情地写道："在此，我结束了永生难忘的第一次塞拉高山之旅。我跨过了雪亮山系，真真切切，那是上帝所创造的最为明亮和最佳之物，它的光耀令我欣喜若狂，我满怀喜悦和感激地祈祷，希望有朝一日，能够再次与之相见。"

穆尔成为20世纪美国的著名环境保护名人，他被后人誉为美国国家公园之父和高山约翰。加利福尼亚州议会于1988年通过法案，确定每年的4月21日，即穆尔的诞辰日，为加州的约翰•穆尔纪念日。2013年4月21日，即穆尔的175岁诞辰日，他的故乡苏格兰举行多项纪念活动，纪念这位生于苏格兰的世界环保名人。

为了纪念这位毕生热爱大山的伟人，美国邮政局于1964年发行了一枚面值 5 分的邮票，上面印着穆尔的头像和一排高大的水杉林，邮票下方印着"约翰•穆尔——保育人士"的字样。1998 年，为了纪念 20 世纪最具影响力人物系列，美国邮政局再次发行了一枚特种邮票，面值 32 美分，手背身后的穆尔以优胜美地峡谷为背景，邮票下方印着"约翰•穆尔——保护主义者"的字样，用以纪念穆尔对美国山峦和荒原保护运动所做出的不朽贡献。

6 走向高山

【译者注：1869年6月3日至9月22日，约翰·穆尔跟随几位牧羊人进入塞拉内华达山脉。1911年，穆尔发表《我在塞拉山的第一个夏天》一书，记叙当年三个半月的牧羊经历和在山中的见闻。本文为笔者所翻译的该书第四章。】

7月8日

我们现在上路，朝着山顶走去。许多悄然而又微弱的声音，连同正午的雷声一同呼唤道："爬得再高些。"再见，神圣的山谷、丛林、花园、小溪、鸟群、松鼠、蜥蜴，以及成百上千的其它物种，再见，再见。

进入丛林，羊群挤挤撞撞。带起阵阵褐色烟尘。从破旧的羊圈出来不到百码，羊群好像已经晓得，它们要去新的草场。一只只绵羊欢呼狂奔，个个争先恐后地挤来挤去，蹦蹦跳跳，踉踉跄跄，像溃坝时奔涌的洪水，汹涌向前。羊群两侧各有一名羊倌，不住地向头羊高喊。领头羊好似饥饿无比的加达林猪一样躁动。羊群尾部另有两名羊倌，忙着驱赶掉队的羊只，给被树枝缠绕住的那些羊推拉一把。那个印第安人镇定警觉，悄悄地留意着被羊倌忽略而走散的羊。两只牧羊犬四处奔跑，不知如何是好。此时，牧主远远跟在后面，瞭望着他的麻麻烦烦的活宝们。

那片老草场被吃得精光之时，方才还饥肠辘辘躁动不安的羊群，顿时平静下来，静得像草甸山涧里的一条小溪。自此，羊群可以尽情地慢慢啃食向前，任由被轰赶着走向莫色德河与托鲁木河的交界处的山顶。两千多张之前平平的肚皮，忽然鼓胀得装满了甜豌豆藤蔓和青草，瘦骨嶙峋像恶狼似的羊们，变得温顺，服服帖帖，先前吼叫的羊倌，变成了谦谦君子，四处闲庭信步。

太阳落山之前，我们到达绿榛岭。这是莫色德与托鲁木两河分水岭的山脊处的一块风景迷人之地，举头是参天的银冷杉和松树，脚下有一条小溪在榛木和山茱萸树丛间流过。我们一行在此露营过夜。燃起了熊熊的篝火，散发着浓烈松香气味的树枝，一堆堆地被抛入火中。火光宛如初升的太阳，作为回馈，欣然散出数百个夏日渐渐滤得的光束。黑暗的四周各色物象，在久远的光照衬托之下，显得那么松弛而宽慰。草叶、翠雀花、耧斗菜、百合花、矮榛子，以及参天大树形成圆圈，围拢在篝火四周，像善解人意的观众而注视着我们，带着人间般的热忱侧耳倾听。夜风徐徐，凉意四起。一整天，我们都在朝着众人朝思暮想的云岭之家攀登。空气是多么的香甜而清冽！每吸一口，都感受到佑护。此处的糖松已经长成大树，优美端庄，在山谷中占据着每一块地盘，几乎挤掉其它树种。仍能找到几株黄松相伴，在最冷的地点生长着的银冷杉虽然显出高贵气质，但在这里糖松为王，它伸展开长长的臂膀，被遮护的林中伙伴，摇曳着肢体俯首称臣。

至此，我们已然来到海拔 6 千英尺高度。上午，我们一行跨过长着熊果属植物的分水岭上一块平坝，某些标本大得我从未见过。经测量，一株树干直径为 4 英尺，树高却只有 18 英寸，树干顶部分出多个枝杈，形成 10－12 英尺高的浑圆顶冠，再上面为一簇簇窄小喉头状的粉色钟体，树叶呈暗绿色，腺毛状，边上的叶柄卷曲；树枝显得光秃秃的，巧克力色树皮光滑而薄，晒干之后卷曲地落在地表；木质红红的，木纹细密，坚硬实重。我好奇这些矮树年庚几何，保不齐跟那些参天的松树一样高龄呢。印第安人、熊、鸟类和肥肥的幼虫都分享个头像小苹果一般的一侧红一侧绿的浆果。据说，印第安人用这种浆果造啤酒或果酒。植物种类繁多，此处，熊果树遍地都是，它们因树干低矮和牢牢植根于山岩而不畏山风。即使横扫丛林的山火也绝少能将之摧毁殆尽，过火之后，它们又都从根部生发出来。一些长有熊果树的山梁光光的，野火鲜少光顾。我要对熊果树加深了解。

今晚，我思念自己的河流之歌。这里的榛木溪顶端的山泉叮咚作响，好似一只小鸟在歌唱。头顶上的大树间松涛阵阵，感人至深到怪异的程度，而下面的树叶却纹丝不动。夜已深，我必须入睡。营地静悄悄，旁人都已经进入梦乡。大好的时光用来睡觉似乎太过奢侈。"可爱的绵羊。"可怜而又可爱的羊,弱小,困倦,筋疲力尽,它们需要安睡。在永恒美丽的运转之中睡下,而不去像星星般仰望长空,多么可惜呀。

7月9日

今早,山中空气清新得令我欣喜,我真想如狂喜的野兽那样惊吼。昨夜,印第安人远离火堆睡下,没盖毯子,身穿一条蓝色背带裤和一件棉汗衫。夜间的山顶上颇有凉意。我们给他两件马褡裢,但他好像不大喜欢使用。负重爬山,如果无需衣物的话,那是件好事。当食物短缺时,我听说,他有啥吃啥,诸如浆果、根块、鸟蛋,等等,不觉得他在做任何值得大书特书的事情。

我们今天的路线是沿着主脉的山梁翻过鹤坪坝到一处山坳。到处怪石嶙峋,长着我从未见过的伟岸的松树和云杉,直径6-8英尺的糖松司空见惯，树高起码 200 英尺。银冷杉奇美无比，越往高处，红冷杉就越多，树体高大，是塞拉山上巨型针叶林中最为出众者。我看到的标本，经测量，直径 7 英尺，高 200 英尺以上，而一般的成熟冷杉平均高度很难达到 180 或 200 英尺，直径不过 5-6 英尺。此等大尺寸的树木，其对称和壮美是其它树种所无法比拟的，至少在本地是这样。红冷杉的树枝大多 5 枝一组，从顶部向下，直直地伸展开来，树干呈锥体，形态优雅，每根枝条像蕨类叶片一样对称生长，枝条上密密麻麻地布满树叶，外形富态高贵，树尖最顶端是根粗壮的新条，像根手指直指云天，粗圆的球果直直地立在枝条上，长约 6 英寸，直径 3 英寸，头部尖尖，果体毛茸茸的，圆柱型，外形十分富贵。果实成熟时，球果落地裂开，种子从 150 或 200 英尺高度向下四散开来，在微风中飘飞很远，果实长约 3/4 英寸，暗棕褐色，羽翼紫色，熠熠发光。每当风力加大时，种子会被吹得自由飞散。

另一树种，即白冷杉，树高和粗壮程度虽然接近于红冷杉，但树枝的盘旋向心圆圈不那么规整，针叶也不怎么规整排列。针叶大都长成两排水平状，而非沿着枝条而生长。球果和种子虽然外形与红冷杉的球果相似，但个体只有其一半左右。红冷杉树皮呈紫红色，沟槽窄紧，而白冷杉的树皮呈灰色，沟线宽大。这两个树种是崇高的一对。

在鹤坪坝，我们攀爬了一千多英尺，却只前行了两英里。森林更密，红冷杉所占比例更高。鹤坪坝处于两河分水岭顶部一块宽大的沙土草甸，蓝鹤常常在长途飞行之后光顾这里，在此休息，遂得其名。平坝长约半英里，流水注入莫色德河。坝子中央长着莎草，四边盛开着百合花、耧斗菜花、翠雀花、鲁冰花、扁萼花,更外一圈的干燥缓坡地带生长着众多小花,包括透骨草、猴面花、吉莉草,以及花环般马齿苋和一丛丛麦角草和耀眼的倒挂金钟。贵气的森林形成一面高墙,两大冷杉、黄松和糖松,全都巍巍壮观,达到其最美丽的境界。此地海拔 6 千多英尺,这一高度对于糖松和黄松颇有挑战性,对于红冷杉来说太低,但对于白冷杉则恰到好处。平坝的北侧一英里左右有一处巨杉,那是所有针叶树之王。更往前去,花旗松、香柏以及一些两针松随处可见,组成森林的一小部分。三种松树、两种冷杉、一种花旗松和巨杉,除了两针松以外,所有这些巨树,全都齐聚此地,这是世上绝无仅有的针叶林大聚首。

我们翻越了几处秀丽的花园般草甸,有的横卧在分水岭顶部的四边,有的悬挂在坡面上,有的镶嵌在壮观的森林之中。有的草甸开着既高且带白花的加州藜芦，船型的叶子有一英尺多长，叶宽 8－10 英寸，纹路像枸兰，是一种旺盛、呈心形状的百合科植物，多生长在水边，而且抢眼。草甸边缘较干的地点长着耧斗菜和翠雀花，高而俊俏的鲁冰花长在齐腰深的高草和莎草间。盛开的扁萼花在底部由紫罗兰相衬。森林草甸的荣光属于百合花，最高的达 7－8 英尺，花序呈现 10－20 或更多的小橙花。这些草花在旷野中自由绽放，底边偶有些许青草或别的植物陪伴点缀，衬托出花团锦簇。这是我所见过的百合花中的佼佼者，它是地道的高山仙子，在海拔 7 千英尺高度活力四射，美艳绝伦。我发现，即使在同一个草甸里，百合花因土壤和年龄不同而变化很大。我亲眼所见，某一个标本只有一朵花，而不远处的另一支却有 25 朵花。允许羊群闯入这样的百合草甸，真是难以想象！大自然经过多少个世纪精心培育和浇灌，球茎被紧紧地拥抱着免于严冬的霜冻侵袭，嫩枝被头顶的云层像幕布一样罩住，微雨清露，使得它们美妙至极，用千百个奇迹来保护它们的平安。然而，说来奇怪，这里怎么竟能允许绵羊任意践踏。人们能否搞一道防火墙，将此地圈成一个花园。大自然对于所培育出的极品珍宝真是十分奢华，耗费这些植物的美艳，同时还把阳光射向大地、海洋、花园和沙漠。百合花的美丽惊愕了天使和人类、熊、松鼠、狼、羊、鸟类和蜜蜂，但据我看来，人类自身和人类驯化的动物，将这些花园破坏殆尽。牧主告诉我，不可思议的是，动作笨拙的熊类，喜欢在炎炎的夏天吞食百合花；鹿用尖尖的蹄子跳来跳去，边走边吃。我从没看见哪棵百合被糟蹋，这些动物像园丁一样培育着百合，按需压踏，总之，叶片和花瓣并无错置。

四周的树木像百合一样完美秀丽，主干的形体像百合一样有序。今晚，像往常一样，我们的篝火熊熊燃烧，光亮照耀四方。躺在冷杉树下，树尖伸向星空，多么辉煌，天空就像一个巨大的百合草甸灿烂夺目！在如此美丽的夜晚，让我怎能合眼入眠？

7月10日

今晨，一只辛辣、刺鼻、在林中独裁成性的松鼠从头顶传出叫声。噪杂旅途中罕见的林鸟，栖息在草甸边缘的树枝上，沐浴着暖暖的朝阳，畅饮朝露——真是一道美景。这些带翅膀的林中小家伙们活灵活现，信心满满的样子，多么美妙啊！它们似乎对早餐很是挑剔，只选择佳肴美味，可哪里有那么多的这等早餐呢？若是让我们为它们搬来桌子，摆满嫩草、种籽、昆虫等令它们大快朵颐的野生健康食品，那可就太难为我们啦！我猜想，办成这样的事情，对无拘无束的松鼠来说，一点都不会伤脑筋的。没有人会想到它们的早餐，不会琢磨它们挨饿、生病甚至死亡的可能性。相反，它们看起来是应对变化的高手，尽管我们偶然看见它们忙于采集食物，辛劳谋生。

我们一行穿过森林向高处攀爬，带起来的烟尘遮住了来路。成千上万个蹄印践踏在枝叶和花朵上，但在这无边的旷野之间，羊群不过是一小股势力，上千个花园将摆脱枯萎的命运。羊群伤不到树木，只是有些小树苗会受到伤害，如若绵羊大量繁殖，森林最终也会遭到破坏。唯有苍天平安无事，至多会变得尘烟蔽日，气味难闻罢了。可怜、无助、饥饿的绵羊，大都教化不良，比起人类来，未被上帝充分调教，而且生不逢时，地利不搭，然而，它们的叫声怪怪地酷似人语，呼喊着乞求怜悯。

我们的山路仍然沿着莫色德和托鲁木两河的分界线向上，右侧的溪流灌进欢唱的优胜美地河，左侧的小溪注入欢歌的托鲁木河，水流渗进阳光明媚的薹草和百合草甸，而后一路欢歌向前，冲刷出成百上千条沟壑。

此处悦耳的溪流别无仅有，溪水清澈，水波晶莹，忽而淙淙低语，忽而造就出若干个欢快的小漩涡，时而阳光灿灿，时而阴云满天，粼粼波光汇聚成一个个湍流，浪头翻滚，来回拍打，跳跃过山崖和斜坡，远去时越发美丽，直至水流汇入冰河干流之中。

一整天，我都在全神贯注着高贵伟岸的银冷杉，赞叹有加，冷杉越来越显得舍我其谁。鹤坪坝以上的树林越加开阔，阳光照进铺满枯黄针叶的地面。冷杉不仅单株枝繁叶茂，对称而又富丽堂皇，而当6、7株冷杉形成群组时，巍峨的体量宛如庙宇似地浑圆一体。此地着实是树木爱好者的天堂，世上最眼拙之人，也必定会被这些参天大树所感佩得心潮澎湃。

幸运的是，羊群无需关照，它们慢吞吞地边走边啃道上的青草。离开绿榛岭之后，我们一行始终沿着优胜美地小径而行。慕名前来登山的游人从库特维尔和中国营地方向过来，两条小道在鹤坪坝相会，他们经过这里，从北麓进入山谷。另外一条小道从南麓的马里珀萨进入山谷。我们碰见的游客少则3、4人一组，多则15甚至20人，都骑着骡子或小矮马。这些游客前后列成一队上山，个个穿戴华贵，穿过庄严的树林时，把野兽们吓得不轻，即使参天的松树也被打搅得颇有微词。莫怪他人，我们一行和羊群又能好到哪里去呢？

现在，我们在落叶松坪坝安营扎寨，此地距离优胜美地山麓 4－5 英里。这里又是一处丛林环绕的草甸子，一条深而清澈的小溪缓缓流过，水边伴随着参差不齐的莎草，这个平坝因两针松（扭叶松）而得名，随处可见，尤其在草甸温度较低的边缘。山岩上，松树长得粗壮，树高 40－60 英尺，直径 1－3 英尺，树皮细而粘手，树枝光秃，穗子、针叶和球果偏小。在湿润而又土质肥沃的地点，松树生长得细密，偶尔树高接近 100 英尺。地表直径 6 英寸的树木通常长到 50－60 英尺高度，树干纤细，尖得像箭头似的，虽然这是松树，却好像美东各州的落叶松。

7月11日

牧主赶着部分羊群先行一步，往优胜美地北侧探路，寻找一处中央营地的最佳地点。再往高就去不得了，据说，再高处的草场仍然深埋在冬天的积雪之中。令我欣喜的是，我们将在优胜美地这里安营，让我能在山顶峭壁随意漫步，看到多么壮丽的山峦、峡谷、森林、花园、湖泊、溪流、瀑布等地景啊。

我们现在所处地点为海拔7千英尺，夜间凉得使我们不得不在毯子上加盖一件件外衣等。落叶松溪水既冰冷又清新，像香槟一般甘甜。溪水漫出草甸，静静地四处横流。然而，距离我们营地下面仅仅几百码的地点却是裸露的灰色花岗岩，到处是大石块，大片地块连一棵树都没有，而只在石缝间长出一两株矮树。许多石块称得上是巨岩，并非堆集在一起，或者像岩石风化之后解体成碎块而散乱得似垃圾一般。

岩石大都单独存在，平躺在路面，阳光照上去很是刺眼，与我们一路所习惯看见的林中的微光和暗影形成反差。奇怪的是，这些巨岩一动不动地被遗弃在那里，附近并无任何动能力量的痕迹，放眼望去，见不到岩石是如何被滚到此处的。然而，岩石定是从远处过来的，颜色和构成显示出，石块被外力置于此地后，就再也没有挪动过位置。石块个个显得孤零零的，经历过无数平静或风暴岁月，成为陌生土地的陌生者。鬼斧神工的山岩见棱见角，最大的直径达到 20 – 30 英尺。大自然打造出的岩石，造就了地貌，让山谷成为今日的模样。这些岩石是用何种工具打造和搬运成这般模样？路面能看到痕迹，岩石表层未经风化的部分线条分明，水平式的划痕表明，这一地区曾经被冰川从东北方向一扫而过，把山脉强行碾过，经过摩擦和打磨之后，冰川期结束时，在冰融作用之下，当年被裹挟带到这里的石块，形成一种怪异、生硬、揩抹过后的外表。这是一处奇妙的发现。至于我们所穿过的森林，它们大概生长在沉积土上，这些沉积土在相同的冰川作用下被带到这里，在后冰川时代，大多分解成各种冰碛物。

水草茂盛的草甸外面，冰岩下，欢快而年轻的落叶松溪，喜不自胜地欢快流淌，白色的水花跳跃得光彩耀眼，水流注入鸢尾花般的瀑布和水帘，冲进优胜美地下面几英里的莫色德峡谷，瀑布飞泻三千多英尺，绵延超过两英里。

莫色德河的溪流都是出色的歌手，优胜美地是各条主要支流汇聚的中心。从我们的宿营地半英里之外，能望见这条著名峡谷的下端尽头。悬崖峭壁和上面的丛林美不胜收，这是高山大作的鸿篇巨制，我愿倾毕生去细细研读。多么宏大，想想看，人的生命又是多么短暂，我们能够学到的又是那么少得可怜，不管我们多么努力！然而，为何要对我们的无可避免的可怜无知而愤愤不平呢？外在的美丽永远可见，美得让我们的每一根毛发都会激动不已，我们为之钦羡，尽管自然之美的成因超出我们的知识范畴。接着唱吧，勇敢的落叶松溪，喷涌的雪水山泉，四下飞溅，打着漩涡，滚滚跳动，直至大海，你去洗涤和欢呼沿途所遇见的每一个生灵。

这一天何其伟大，尽享每分每秒，漫游观赏，深深陶醉于大山的魅力之中，绘画，随笔，采花，呼吸仙气，畅饮落叶松溪之水。我发现了洁白、香喷喷的华盛顿百合花，它是塞拉山的百合之最。它的块茎埋在毛茸茸的乱草之中，我想，原因是为了躲开熊掌的侵袭。百合秀美的圆锥花序高过存有积雪的树顶，在空中飘摇。果敢执着的大蜜蜂，钻进花筒吸食着花粉。可爱的花朵，值得忍饥挨饿，穷尽天涯之路，也要一睹芳容的花朵。此时，因为我在如此高贵的地景发现了这束植物，整个世界变得更加富有。

落叶松草甸上建有一座木屋，一旦优胜美地旅游人数大增时，这座建筑可作为一个极有价值的站点，供迟到的游人在此停歇。一名白人和一名印第安妇女是这里的主人。

漫步草甸直到夕阳西下之时，远离羊群和人迹，庄严古老的森林沉入深深的静寂之中，上天的无可予夺的热情之火，照得万物流光溢彩。

7月12日

牧主已经返回，我们继续自己的朝圣之旅。牧主说："从优胜美地溪谷望去，山顶看起来只有岩石和小片树林，然而，从山岩的石头堆走下去，你会发现望不见头的草滩和草甸，荒野完全不像第一眼看上去那样贫瘠。我们到那里去，一直待到山坡雪化的时候。"

听说优胜美地这一带积雪深厚，所以需要逗留，令我十分欣喜。我好想把四周看个够，有时间绘画，研究植物和岩石，躲开旁人，远离营地，独自攀岩越壁，多么惬意。

今天见到另一批游览优胜美地的旅行者，这些人大多不甚关注四周的美景，不过是花些时间和金钱长途跋涉，慕名而来看山。等他们接近庙宇山岩的时候，一定会被巨岩的壮丽和飞瀑的神曲而打动得痴迷。毫无疑问，每一位到此圣山的朝圣者，都会得到庇护。

我们沿着莫诺小径缓缓向东。下午，早早地解下背包，在飞瀑溪边安营。莫诺小径经血色峡关翻越山系，通向莫诺湖北端的金矿。据说，金矿最初被发现时，金子产量很高，因此，出现一阵淘金热，因而被人踏出一条小径。溪流上架起几座小桥，因为那里的谷底土质松软，涉水艰难。有些风倒木被伐掉，密林深处开出条条岔道，以便于负重的行人通过。沿途大部分表土没有出现被碰触的痕迹。

我们一路穿过的树林几乎全都是红冷杉，相伴树种白冷杉大多因海拔过高而没有长好。海拔越高，越显出红冷杉的伟岸，红冷杉的高贵气质，任何语言都难以形容。在某一处，许多株树因大风而被刮倒，土壤沙质疏松，树根不够牢固，土壤大多分解而解体成冰碛物。

羊群安逸地卧在一块秃岩之上，太平自若地咀嚼着嘴里的草根。柴锅在咕嘟着，胃口每日剧增。身居平川者不能理解登山者的胃口以及吞食美味佳肴的能力。吃饭、走路、休息，看来同等令人愉悦。清早醒来时，情不自禁地像大公鸡似地高歌一曲。睡眠和消化像空气一般清新。我们今晚要睡在气味浓浓的新采集的树枝上，听着飞瀑溪流的欢乐催眠曲进入梦乡。这条小溪名副其实，我在营地上上下下都看过了，小溪水流不断，水花跳跃，翩翩起舞，泛起层层白浪。溪水尽头，当走完它的旷野之旅后，飞流直下，从三百多英尺高度倾泻进几英里下的落叶松溪瀑布附近的优胜美地峡谷深处。这几处瀑布几乎堪比声名远扬的优胜美地瀑布，我将永生不忘这些一曲又一曲欢歌，浑厚的沉吟，高昂的咆哮，银白凉爽的溪水，在鸢尾花脚下翻滚变换姿态，或在死寂般的黑夜中泛着白光，万重和声奏响华美的乐章。在这里，我发现小小的黑鸫鸟自在飞翔，像林间的朱顶雀，似乎溪流越湍急，小鸟就越加欢喜。令人眩晕的峭壁，飞奔的激流和轰鸣的瀑布振聋发聩，小鸟毫无惧色，它的叫声又甜又低，它的舞姿和掠过咆哮水流的身影，展示出力量、和平与喜悦。看到这些大自然的宠物从野溪边的鸟巢飞来，我想起萨姆森的谜语："甜蜜来自于强大。"这只小鸟比漩涡中的水泡更加美妙。温柔的小鸟，你带给我一个珍贵的启示，我们可能不理解湍流的溪水意欲何为，但是，小鸟你的甜美歌声爱意盈盈。

7月13日

我们一整天都在向东行进。翻过优胜美地溪盆地，下到半山腰，在一块地面坚实的冰川花岗岩上扎营。小路上看到一只大熊的足迹。牧主泛泛地谈起熊的故事。我说，真想亲眼看见制造这些大脚印的熊走路的样子，好几天跟在后面却不打搅它，了解这种荒野巨兽的生活习性。牧主告诉我，羊羔出生在低地，平生从未见过或听到熊的声音，可是，只要一闻到熊的气味，会惊恐万状地狂奔，显示出它们从娘胎里带来的关于敌人的知识。猪、骡子、马和牛也怕熊，当熊靠近时，会怕得要命，尤其是猪和骡子。猪常常前往海岸山系和塞拉山麓的草场，那里橡果丰盈。猪群像羊群似的，当一只熊来到山上，猪会四散而去，通常在夜间，让养猪人毫无办法。猪比绵羊更有头脑，它们逃往岩石下和树丛里，等待各自的命运。骡子见到熊，会不顾主人，一溜烟地跑掉。套着缰绳的骡子，为了挣脱绳索，有时可能折断脖子。尽管我从未听说熊咬死骡子和马匹，据说，熊更喜欢猪，尤其不放过乳猪，五腹六脏，寸骨不留。达内雷先生告诉我，塞拉山上的熊都极为胆小，猎人们休想靠近射程之内的熊，比猎获鹿和其它动物困难得多。如果我特想看见熊，就必须像印第安人那样耐住性子苦等，别的事情都要放下。

夜幕降临，灰灰的岩石在夕照下暗了下来。这一地带显得多么原生状态和朝气勃勃！假如昨日席卷这里的冰层消失的话，我们营地周边的痕迹不会比现在更加明显。马匹、羊群和我们一行确实在最平坦的地点纷纷滑倒。

7月14日

山风徐徐，入眠时死一般沉寂，而醒来时一切旋即生机勃勃。清晨，先是平静无比，光线微黄发紫，渐渐金光灿灿，万物金边闪耀。

我们用了一两个小时来到优胜美地溪，优胜美地所有瀑布最壮观的溪流之源。溪水与莫诺小径交会的地点，宽约40英尺，平均深度约4英尺，每小时水流速度3英里。从此地至优胜美地崖壁，即断崖，只有两英里。溪谷平静、美丽、几乎静止,水流悄然滑动,气宇非凡。溪边密布着纤细的两针松,一排柳树、紫色绣线菊、莎草、雏菊、百合以及耧斗菜,有些莎草和柳树枝探进水中。岸边树丛外侧有一片金黄的沙滩,好似被远古的水患冲刷沉积到这里。此地到处是无数株红色百金花、麦角草和芒苞蓼,花比叶子更加繁盛,长势匀称,还夹杂着一团团花环般伞状马齿苋。这一条花带的后面,有一块坚实平滑的上倾花岗岩,冰一般的平滑,在阳光下闪耀得如玻璃一般。水浅处有几片树丛,大多是两针松,因土壤瘠薄而长得歪歪扭扭。另有几株矮粗的刺柏,树皮是亮亮的肉桂色,灰灰的叶面,单株而立在向阳的地点,没有火烧的危险,根部紧紧抓住岩石缝隙。这种树是登山者的好帮手,无论是阳光抑或是风雪,刺柏顽强向生,恐怕能存活上千年。

在盆地的顶部，我看到一簇簇圆盖体从海浪般的山脊升起，美丽得像座座城堡，银冷杉呈现出黑黑的条条块块，标志着那里有肥沃的沉积土。真要好好花时间对它们作一番研究！在这一范围明确的盆地逗留是多么意义宏大的探究之旅呀！冰川的题刻和雕塑，看起来多么奇妙，能为钻研者提供宝贵的成果。面对伟岸、华光照耀的高山，我激动得浑身颤抖，我只能像幼童一样仰望赞叹。我这里摘一朵百合，那里掐一片花瓣，寄希有朝一日仔细钻研。

羊倌和牧羊犬为了让羊群跨过溪流颇费了一番周折。这是由于没有木桥，因而被迫涉过的第二条宽溪，第一条是博尔洞附近莫色德河的北汊。人声和狗吠交织成一片，众人驱赶着胆小而又怕水的羊群，沿着溪边艰难行进，不让一只羊掉队。人、狗和羊群挤作一团。牧主和羊倌轰着羊群往前挤，走在前面的几只羊被撞倒在地，于是造成有的羊往回转身，碎步沿溪边的树林逃向山岩四处散开。牧羊犬帮忙再次将逃跑的羊追赶回来再度涉水，羊群再一次散乱，羊倌的喊叫和狗吠声几乎盖过了溪水的流动声音，甚至盖过瀑布的美妙曲声，扰乱来自全球各地游人都在倾听的瀑布声响。牧主喊道："把它们摁在那里，摁在那里！前排的羊将会厌烦被打压，然后乖乖地过河的，之后，其它的羊全都会一一跳过水去。"然而，羊群并未这样去做，它们经受不住打压，成十成百地折回来，把美丽的溪岸踩踏得一塌糊涂。

　　只要有一只羊跳过去，其余的会迅速跟从，可就是找不到一只羊先做示范。一只羊羔被抓住，给抱过小溪，栓在对岸的一棵树上。可怜的小羊咩咩叫着要找妈妈，母羊虽然特别担忧，只是一个劲地招呼小羊回来。这个引诱母羊的亲情牌失败了。我们开始担心，要不要在被逼无奈时，另找一条路绕道赶羊群从某一条支流涉水，那样的话，要多走好几天，好处是我能饱饱地观赏著名的溪流源头。然而，牧主决心已下，必须在此地过河。众人立即砍倒岸边细细的松树，制成一个栅栏，宽窄将将能把羊群挤在一起。牧主觉得，让栅栏占据水的一边，羊群会被挤进水中。

　　几小时之后，围栏做好了，傻傻的羊群被赶进来，挤进水边。牧主从水泄不通的羊群挤进去，抓了几只吓坏的可怜羊，用力拖它们入水，可是，这些羊偏偏不去过河，反而奋力往回游，重回羊群。之后，又有十几只羊被推进水中，身材高大得像只仙鹤和鱼鹰的牧主，赶在羊的身后，抓住一只企图挣脱的羊，将其拽到对岸，可牧主刚一松手，那只羊跳进水中，游回到惊吓万分的同伴之中，表现出像无可改变的万有引力一样的群羊本性。恐怕创造风笛的潘也不会有更好的运气，我们此时全都不知所措。看来，傻羊们即使死掉也不愿涉水。大家紧急开会，浑身湿透的牧主宣布，饥饿法是唯一可试的一招。我们就地宿营，让受困的羊群挨饿受冻，直到想明白自己的出路。被晾在一边几分钟之后，在头阵的一只胆大的羊跳进水里，勇敢地游向对岸。之后，突然之间，所有的羊呼呼啦啦一拥而上，相互踩着同伴进入水中，我们拦也拦不住。牧主奋身跃入在水里挣扎、几近淹没的羊群之中，左右驱赶着，每只羊就像一条漂浮在水面的木棍。水流将羊群冲开，很快形成一条弯弯的长列。羊群只几分钟时间全都上了对岸，开始咩咩叫着，吃起草来，好像啥事都没有发生一样。一只未被淹死，真是奇迹。我一直以为，一定会有成百只羊被水冲入世上最高的优胜美地瀑布里，实现一场浪漫的壮举。

　　这一天过得好漫长，我们选择水滩远处的地点宿营，让湿漉漉的羊群散开吃草，直到太阳落山。羊毛此时都已经干了，羊群恢复了平静，只能听到羊咀嚼的声音，一场水中的战斗踪迹顿消。我见识过从水中轰鱼出来，不用费赶羊入水那般力气。羊的头脑一定是笨得出奇的材料所制成的。今天的一幕与鹿平静地游泳渡过宽阔湍急的河流相比，差距好大，鹿能从一个岛屿游到另一个岛屿，还能在大海和湖泊中游泳，狗也有这样的本领；甚至松鼠都能凭借木片跨过密西西比河，尾巴翘得像风帆一样在微风中飘荡。一只绵羊很难被称之为动物，一大群羊都凑在一起，也好不过一只傻羊的头脑。

7 沙斯塔山的暴风雪

【译者注：约翰·穆尔的"沙斯塔山的暴风雪"一文，于1877年9月首次发表在哈珀新月刊杂志第55卷，328期，521-530页。】

沙斯塔山位于塞拉内华达山脉的最北端。沙斯塔山从线条轻微的熔岩平原隆起，以孤独而又壮丽的山形，雄视加利福尼亚境内的其它各座山峰，保持着更加令人瞩目和威风凛凛的个性。

在半径50－100英里方圆之内，无论你走向哪里，终年积雪的沙斯塔山，那巍峨耸立的圆锥形山体赫然在目，是一处永不消逝的宏伟地标。虽然位于塞拉山脉最南端的惠特尼峰，以其花岗岩峰顶高出沙斯塔山四、五百英尺，但是，惠特尼峰在夏季里冰消雪化，虚弱得毫无个性，淹没在周围的崇山峻岭之中，常常让刻意寻觅的旅行者徒劳无功。

经加州地质调查局确定，沙斯塔山的顶点海拔为 14440 英尺。根据少数不大可靠的观测报告，惠特尼峰的高度为 14900 英尺。然而，沙斯塔山隆起的平原平均海拔高度仅为 4000 英尺，而惠特尼峰山麓的实际高度达到 11000 英尺，因此，沙斯塔山的高度接近惠特尼峰的两倍半；就山底的周长而言，沙斯塔山接近 7 英里，而惠特尼峰则少于 5 英里。

关于沙斯塔山内部构造的现有观测表明，沙斯塔山的整体源于持续不断的火山灰和岩浆喷发，一层又一层的火山灰和岩浆，沿着火山口的边缘向上方和外部喷射，像一株大树的主干而不断抬升。

沙斯塔山的岩浆主要为粗面岩和玄武岩，因颜色、密度及年代而差异极大。在山顶附近的侵蚀部位，明显可见到一些凝灰质和角砾岩床。而加州其它火山地区通常普遍存在的浮岩和黑曜岩，在这里却十分罕见。

在冰川时期，沙斯塔山是周边地区冰川的扩散中心。整座山体被冰层覆盖，随着冰层减退，山的侧面形成道道沟槽，山顶崩裂，出现大面积破损。山体所经历的剥蚀总量难以得到确认，多孔碎石给冰川石刻的存留带来困难。塞拉山脉北纬36度30分至39度之间花岗岩面的冰川痕迹清晰可见，而沙斯塔山的岩石细纹却被全部抹掉，岩浆的极度不规则性影响到侵蚀度，加之冰川喷发过程之间以及之后的扰动，使得记录冰川的重要特征变得模糊甚或荡然无存。以上所述显而易见，当冰川期最终接近尾声时，沙斯塔山的冰盖从底部逐渐融化、消退，并随之分化成目前状态，沉降出一座座不规整的土堆和一圈圈冰碛土，上面生长了今日的沙斯塔山林木。

惠特尼冰川是目前仅存的几处支离破碎冰原中最重要的活跃冰川。冰川由于山顶大量的当年和陈年积雪而抬升，冰川流向北坡，冰层沉入一系列弯曲的裂缝和水帘，直至树木线，绵延长达三英里。尽管面积并非最大，这恐怕是整个加州最长的活动冰川。沙斯塔山岩浆的冰川侵蚀产生轻质多孔土壤，主要成分为极易屈服于流水输送力量的沙质碎屑。数百年前，一场特大洪水从高坡冲下巨量的这种轻质土壤，环绕整个山根四周形成明显的三角洲式土壤沉积，平滑的灰色表面与截然分开的粗糙熔岩流形成鲜明的对比。

尽管沙斯塔山历经无可估量的磨损和破坏性退化，山峰轮廓的规整和对称简直无与伦比。山坡最初从平地的抬升几乎察觉不到，只有

2－3度。山坡上升幅度的轻缓渐变，称得上精致细腻，从山麓到山腰，直至截成平头的陡峭度保有在 20－35 度的火山口峰顶。这一雄浑的简洁样貌，在北坡因峰顶以下 3000 英尺的火山主锥发育出的一个寄生锥体而出现部分中断。

这一侧锥体继主冰盖崩裂之后，一直处于喷发状态，这一点可从相对而言未经蚀耗的火山口看出，另外，以此为中心向外辐射溢出的新近尚未冰川化的岩浆溪流，也能提供佐证。

沙斯塔山主峰从西南至东北的直径大约一英里半左右，主要有两大块当年和陈年积雪，四周由摇摇欲坠的山峰和山脊所包围，从中找不到任何古老的火山口。山顶位于狭窄山梁的最南端，与主峰在山体东侧相接。从北坡望去，山体像是一个 10 英尺左右的不规则形平头矮岭，因风暴侵蚀而迅速消退。高温含硫气体和烟雾，从主峰对面的东侧山脊脚下附近的岩浆裂缝中，发出强烈的嘶嘶声。几处气口喷出一串串清澈的热水珠，这些水滴反复上升到空气中，然后下降，直到磨损成蒸汽。

蒸汽和喷雾现象似乎是由逃逸气体导致的雪融过程所产生，气体本身显然来自于山体的内热，并且可被视为生成这座山的巨大火山能量的最后微弱表现。

自从冰期结束以来，大自然已将沙斯塔山分成三个截然不同的植物区。第一个区域可称为丛林地带，平均宽度约 4 英里，包括上述沙质漫滩的大部分。这里长满了 3–6 英尺高的茂密灌木丛，主要由熊莓、樱桃、栗树和几种石竹组成，在盛开时形成可以想象的最辉煌的奇观之一。

这些巨大丛林的连续性被大片的针叶树，主要是糖松和黄松，还有黄杉、银冷杉和翠柏所打断，其中许多植株的高度超过200英尺，底部直径6-7英尺。

麒麟草、紫菀、吉利草、百合和鲁冰花，以及许多不大显眼的草本植物，出现在树林温暖的开阔之处，花草的形式和颜色令人愉悦，并由于蝴蝶和蜜蜂的造访而生机勃勃。

接下来更高的是冷杉区域，几乎完全由三种银冷杉所组成，即大冷杉、铁杉、壮丽红冷杉。这一区域宽2-3英里，平均海拔高度在低处为6000英尺，高处为8000英尺，是三个地区最简单、定义最为明确的地区。

高山区域是由矮松、石楠、坚硬而结实的莎草、地衣和赤雪所组成。

松树位于海拔高达 9500 英尺的区域，然而，处于这一高度，松树的顶端只有 3 或 4 英尺伸入冷若冰霜的高空，被紧紧挤压得平平的，好似被冬雪碾压过，并且被冰冷的山风所剪短。尽管如此，松树仍然开花，有时生出球果和成熟的松仁。一种名叫碧桂的美丽的开花石楠植物，在山月桂和绣线菊的陪伴之下，在又高出几百英尺的地方绽放盛开。矮雏菊和莎草能在 11000 英尺高的适宜坡面上生长，再往高处，整个植被则仅剩下稀少的地衣和赤雪。

下列清单是我在沙斯塔山上所能发现的针叶树木，顺序按照发生次序而列出：矮松、山松、落叶松、银冷杉、黄松、杰弗里松、糖松、黄杉、翠柏、雪松。

森林主要由三大银冷杉、黄杉、黄松、糖松和翠柏所组成。铁杉一度数量最大，也最为美丽。

攀登沙斯塔山通常是在七、八月份，从位于俄勒冈和加利福尼亚驿站路的草莓谷出发。那个时段，风暴不大发生，即使有风暴也不大厉害，深深的积雪已从缓坡消融，美丽的高山植物进入盛花期。通常的计划是，第一天，从草莓谷爬到树木线的上端，距离为 10 英里，然后宿营。次日清晨，直接冲顶，然后，当晚返回山谷。

从上萨克拉门托山谷攀岩而上，你会常常从松树间，从山岗和山梁上，看见沙斯塔山的容姿。然而，在草莓谷的森林有一宽阔的开口之处，沙斯塔山站姿明丽，远近距离恰到好处，是观赏整座山峰之壮美的最佳地点。

站在那里，观望四周轮廓，眼前的近景中，是一片平滑的绿色草地和弯曲的溪流；然后是一片深暗的森林，无数棵尖尖的冷杉和松树在繁茂的树林中争相比高；在巨大的白色圆锥体横扫万里无云的蓝天之处——草地、森林和山峦在拱形的苍穹中，不可分割地融合在一起。我上一次攀登沙斯塔山，是在1875年4月30，同行的杰罗梅·费是一位坚强而能干的登山者，我们的目的是在山顶进行气压观测，而美国海岸调查局的罗杰斯上尉，则在山脚用比较气压计同时进行观测。

　　林中阴冷地带，冬雪依然深达5英尺，我们与群居动物一道穿过该地区，度过了一段乏味的时光。很快便发现，我们将无法到达夏季宿营地。在一路辗转披荆斩棘直到接近日落之时，我们高兴地找到一处从雪中突出的粗糙熔岩山梁，于是在上面宿营过夜。从这里，我们背着毯子和一天的食物，越过雪地到达树木线的最边缘，然后在一块红色粗面岩的背风处再一次扎营。当然，这样做是为了尽可能减少次日的攀登工作量。在这里，躺在粗面岩的表面，我们小睡了两个钟头，其间，不时瞥向繁星点点的美丽夜空。我们在凌晨 2 时起身，加热了一杯锡杯咖啡，在炭火上烤了一片冷冻鹿肉，于凌晨 3 点 20 分开始冲顶。

清冷的天空没有一丝云，星光照亮了我们的山路。深沉的寂静笼罩着大山，只有夜风和偶尔的岩石从摇摇欲坠的扶壁上落到下面的雪坡上。清晨的野景美丽得让我们兴奋不已，我们大步向前，很少停下来喘口气。从两个锥形山顶中稍小山顶的西侧，降落下来一段宽宽的围裙样的红色熔岩，我们越过之后，又跨过一条将山坡一劈两半的峡谷，沿着扫过古老火山口顶部的道道雄伟的冰雪曲线，绕过惠特尼冰川的宽阔冰冷的山泉，经过嘶嘶作响的喷气孔，然后，我们在早上 7 点 30 分登上最高峰。

至此，无论是风声还是天空中都没有任何迹象表明风暴即将来临。但是，抵达山顶后，我们观察到数百平方英里的白色积云散布在朝向拉森峰的熔岩平原上，在远处的阳光下梦幻般地蠕动着，令人兴奋不已。

上山时的轻微疲倦很快就烟消云散了。天空呈现出最稀薄、最纯净的蔚蓝色；精神生命充满了岩石和云彩的每一个毛孔；我们陶醉在环绕四周的壮丽美景中。

上午 9 点，干燥的温度计在阴凉处保持在 34 华氏度，并稳定上升到下午 1 点钟的 50 度，温度的升高毫无疑问受到了从相邻悬崖辐射的太阳热量的强烈影响。

一只精力充沛的熊蜂在我们的头上蜿蜒飞转，仿佛在夏日的干草场上空飞舞，完全没有意识到最近的产蜜花朵在它下方一英里处。

与此同时，沙斯塔山谷中的云层正在增长——大量的积云在膨胀，颜色为灰色、紫色，接近珍珠白色。云层在沙斯塔山两侧不断向南延伸，最终与朝向拉森峰的业已生成的云块会合在一起，从而形成一道连续不断的云带，把整座山环绕起来。瑞德湖和克拉马斯湖在云层中黯然失色，云层亮得几乎不亚于湖水本身的银色圆盘。因莫多克战争而闻名于世的黑色熔岩床，远在俄勒冈州北部的许多雪山，斯考特和特里尼提山脉，蓝色海岸山脉，火山点缀其间的沙斯塔山谷，上萨克拉门托山谷茂密而黑压压的针叶林，上述这些地方统统都被遮蔽得模糊难辨，只剩下我们自己所在的高大锥体孤零零地置身在阳光下，被包含在两个天空之间——上面是一尘不染的蓝天，下面是多彩的云空。富于创意的太阳照耀着白茫茫的广阔天地，稀有的云田、丘陵和低谷、山坡和峡谷，呼应着太阳的光芒，稳健地推升自身的华美，彰显各自的独特个性。

一个巨大的主锥体，对应于沙斯塔山，以可见的动态在近前上升。它坚实而光溜溜的凸台，看着如此贴近而充盈，我们真以为能从自己站立的地方跳到那里，然后从其侧面滚到平地。

山上的乌云——真是美啊！每眼山泉都饱含奔涌的水流；溪水和湖泊的天使；沉思于湛蓝和深邃之中，或掠过大地，掠过山脊和穹顶，掠过草地、森林、花园和丛林；清凉的云影萦绕在半空中，滋润着每一朵花，用无人能及的温柔触感和手势，抚慰着嶙峋岩石的眉梢！

沙斯塔山的整个山腰部，春季和夏季常常气候万变，时有发生的暴雨和飞雪，大都太过喜人而且生机盎然，所以算不上什么风暴。在最小和最为完美的个体化实例的情形下，上午 11 点钟左右，可以看到一个模型式的积云从黑森森的丛林上空升起，直接插入平静的天空，高出地面约 4000－5000 英尺，或海拔 10000 或 12000 英尺；灰色和紫色的阴影衬托出珍珠般的圆顶，呈现出如同冰川抛光过后的明晰轮廓。不到一个小时，云顶完美发育得像某种巨大的蘑菇一样，在炽热的阳光下赫然屹立。此刻，一道有力的霹雳划破晴空，如同钢铁相互撞击一般，令人震惊的爆炸声在下方的山岩之间形成了阵阵回声。然后，瀑布般的暴雨冲向旷野中的花园和树林。硕大的水晶般雨滴刺痛松针，在花岗岩表面飞溅得啪啪作响，灰色冒泡的雨水像网状的溪沟，从山脊和圆顶的四面八方倾泻而下。几分钟后，坚实的暴风云块枯萎成一团暗淡的细丝，随后消失，让天空比先前更加阳光明媚。

每一只小鸟，每一朵鲜花都精神振奋，一缕清香从地面升起，风暴就这样结束了——一片乌云，一道闪电，一阵急雨。这就是加利福尼亚的暴雨最简约的阵势。相同色调和规模的暴风雪在高高的山峰上比比皆是，但在春季它们经常达到更加猛烈的程度，并且呈现出一种在严冬生成的暴风雪几乎无法超越的表现力。这便是我们身边的四周正在聚集的风暴。中午过后不久，风暴开始昭示自己即将来临，我萌生了放弃定于下午3点钟观测的想法，罗杰斯上尉也同意我的观点，应该立即撤离至我们在树林中的安全营地。杰罗梅不时地注视着我们站立的锯齿状山脊，在狂风中做着焦急的手势，他对天气的话语越来越急切，宣称如果我们不迅速逃离，我们将被迫在山顶过夜。然而，为了完成我的观测而产生的焦虑，将我的双脚固定在山梁上。没有经验不足的人依赖于我，我告诉杰罗梅，我们两个登山者可以从任何可能降临的风暴里突围出去。大约下午一点半钟，薄薄的纤维状云膜开始从北向南直接吹过山锥顶，拉出长长的好似梳理过的羊毛所编织的仙网，魔法般地合成与溶解。风把它们扭成一个个小圈圈，又把它们旋转成一连串优雅的盘旋体，就像优胜美地瀑布外面四溅的水花，然后在纯净的蔚蓝中航行，飞过山锥体的陡峭边缘，漂在一起形成浅灰色的卷卷，好似河流上的泡沫花环。

  这些更高的云体显然是由空气自身膨胀引起的寒冷所产生，这是云块触碰山坡而向上偏转所引发。云体在山锥的北缘稳步扩大，形成一个厚而含糊、不甚明确的围堤形体，雪花与冰雹开始交替着从云体的冰网中落下。天色飞快地暗了下来，我刚刚完成观测并收好仪器，风暴就全力爆发了。悬崖上布满了铺天盖地的大冰雹，冰雹的洪流从灰色和红色的熔岩斜坡倾泻而下，犹如被岩石击打的瀑布一般。

这些冰雹似乎属于一个截然不同的种类，与我之前观察到的任何冰雹完全异样。冰雹的质地和整体形状都酷似小蘑菇，其六个直边从狭窄的基部向上不断变宽，最终形成宽阔的穹顶状冠部。

下午 3 点过后几分钟，我们开始强行沿着东部山梁下行，越过那群嘶嘶作响的喷气孔。风暴即刻变得不可思议地猛烈，不留任何情面。温度计猛降了 22 度，很快就降到零度以下。冰雹变成了雪，黑暗如夜降临。狂风上升到最高的暴力程度，像岩石海岸上的破碎机一样轰轰作响。闪电在荒凉的峭壁中闪烁得吓人，巨大的闷雷并未被单一的回声所缓解，震天的响声似乎是从风暴的中心猛烈地迸发而出。

假如我们立即开始沿着布满积雪的凹槽下行至树林边，无论风暴多么黑暗或猛烈，我们可能会成功逃脱。事实上，我们必须首先沿着一条近一英里半长的危险雪脊前行，一侧是陡峭的冰坡，另一侧是破碎的悬崖。幸好，我在风暴开始前就采取了防范措施，同时也担心到这种黑暗，我在脑子里想清楚最危险的地方，并标出它们与风向的关系。因此，当风暴爆发时，我有信心我们能在没有任何指引的情况下冲破黑暗和轰鸣。经过"温泉"之后，我在一个熔岩块的掩蔽处停下来，等待稍稍落后的杰罗梅跟上来。在这里，他挑头开了一个会，在足够令人兴奋但没有表现出任何困惑的情况下，他与我的观点相反，坚持认为不可能继续下行：山脊太危险了，大雪令人眼花缭乱，霜冻太强烈而无法承受；最后，即使我们有可能在黑暗中摸索，风也足够猛烈，会把我们整个身体甩下悬崖，我们唯一的希望是在火山喷气孔中忍过这个下午和夜晚，在那里我们至少应该能够避免冻僵。

我坚持道，风主要在我们的背后，一旦到达山锥体的西边缘，我们只需滑下或滚下陡峭的斜坡，其地形的导向无论如何都可以确保我们找到营地，如果需要的话，我们可以沿着山梁较危险的部分爬行，清除手脚上的冰块，从悬崖上找路下行。然而，他坚决拒绝接受朝那个方向冒着风暴下山的任何想法，而我意识到会困扰我们努力的真正危险，并意识到我自己反而是他感到如此危险的原因，所以，我决定不离开他。

我们的讨论结束了，杰罗梅从熔岩块后面冲了出去，开始顶着狂风强行返回 20 码或 30 码外的温泉，像在洪水中一样摇摇晃晃地挣扎着。我观察着风暴，试图找到尝试下山的新说辞，但在一切都变得徒劳之后，我被迫跟随在他身后。"在这里，"杰罗梅说，我们站在嘶嘶作响的火山喷气孔中瑟瑟发抖，"我们将不会被冻坏。""是的，"我说，"我们可以躺在这泥泞和砾石里，至少一侧是热的；但是我们如何保护我们的肺免受酸性气体的伤害？"在我们的衣服被融化的雪浸透后，我们怎样才能在风暴过后身体不被冻僵而到达营地呢？我们必须等待阳光；但阳光何时才能到来？

我们待的火山气候区，大约有四分之一英亩，但它的厚度只有八分之一英寸，因为滚烫的喷气在靠近地面之处，被横扫而过的风雪所截断。

只有登山者才能想象出雪的奇妙奢华。晶莹的花朵仿佛彼此触碰，恰到好处地加重了风暴的冲击。这是繁花似锦的时节，风暴的夏天，从未见过山上的云犹如盛开的鲜花。

当沙斯塔山灌丛的花朵落下时，数百平方英里的大地，覆盖着半英寸深的花瓣；然而，我们的沙斯塔云朵，在不到一天的时间里生长成熟，降到地面时厚度达到 2 英尺深。一些水晶冰块挂在我的袖子上，在镜片下细看，它们的所有光线都异常完美；但大多数或多或少因互相撞击而受损，或因跌落到地面翻来覆去又重新站立所致。暴风骤雨，满载着这细碎的高山雪尘，谁也不能长时间地挺过去而毫发无损，最厉害的登山者也乐于转身逃逸。

我缩进自己的衬衫衣袖里，不到半小时就浑身湿透；杰罗梅幸运地穿着一件贴身的外套，比起我来，他的生命更深入肉体。然而，我们两人都虚弱、紧张地颤抖和哆嗦着，我想，既因为缺乏食物和睡眠所带来的精疲力竭，又因为我们的湿衣服被冰冷的风吹得透透的。

直到似乎夜幕降临过后一两个小时，雪始终肆无忌惮地下个不停，整个雪量可能约为 2 英尺。直到风暴最初落到山上之前，它的发展极端温和——下面故意长出积云，上面编织着半透明的薄纱；然后是风的咆哮，雷声的撞击，以及遮天蔽日飞舞的雪花。风暴的衰退同样突然——乌云崩开散去，天上不留一片雪花，繁星闪耀出洁净而宁静的光芒。

由于我们在接下来漫长而陌生的夜晚中的经历有些特殊，因此，将之记录下来，可能会颇为有趣。

夜初之时，我们的痛苦尚不怎么严重，我试图引诱猎人杰罗梅讲述熊或印第安人的冒险故事，以减轻我们对寒冷的意识。但是，虽然勇敢地迎接了风暴，但他心不在焉而不想说话。偶尔，他会沉迷于计算生命之火还会燃烧多久，风暴是否会持续一夜直到第二天，如果会的话，西森是否能够在我们因寒冷而倒下之前来救我们。然后，为了让自己和他一起高兴起来，我想象了一个晴朗无云的早晨，向他保证在一年中的这个季节，从来没有风暴会接连两天地持续下去；尽管经历了所有这些寒冷和疲倦，我们仍然会逃到朋友那里并回到自己家中，这个艰难夜晚的余曲，将变成他讲给孩子们的一堆无关紧要的回忆。

我们平躺着，以便尽可能少地暴露在风中。雪粉聚在我们的胸口，我已经17个小时没有再站起身来。起初，我们很高兴看到雪飘进了我们衣服的凹处，希望它能减弱冰风的力量。但是，雪虽然刚开始时很松软，但很快就冻成一堆坚硬的雪冰，反而给我们增添了新的痛苦。"去年，"杰罗梅说，"我给一位牧师当向导到这里来。我希望他此时在这里尝试做祈祷。你到底是怎么想的，穆尔，他们会在这种时候帮助一个人吗？"然而，毕竟他似乎认识到大自然坚定不移的公平待遇，以及她本质上的善良，尽管对于无知或错误却不留任何情面。雪猛烈地落在我们身上，落在草地上的暖雨同样猛烈。

夜风呼啸着冲过破碎的悬崖，将我们刺穿，让我们剧烈地抽搐着，身体与炽热的熔岩接触的部位正在被烤得炙热无比。

当炎热变得难以忍受时，我们会刮掉身下的雪和粗面岩，或者用脚后跟和肘部每次推一两英寸来从一个地方转移到另一个地方；如果在风中直立，仿佛必死无疑。

从逃逸的气体中升华出的刺鼻的硬壳经常破碎，打开新的通风口，我们被烫伤了；我们还担心，如果任何时候风停下来，通常构成火山喷出气体的很大一部分的碳酸，可能会聚集到足以使人入睡和死亡的程度，我警告杰罗梅时时刻刻要提醒自己，即使痛苦达到难以承受的程度。于是，当我们在沉闷的漫漫长夜里，突然从半昏迷状态中苏醒过来时，我们兴奋地叫着对方的名字，生怕对方陷入麻木或死掉。

寒冷的通常意识，只能让人联想到剧烈运动后出现的体虚感觉，伴随着食物和睡眠的短缺，再加上凛冽寒风中的潮湿。生命在那时只被视为一团火，忽暗忽明，显示出它是多么容易熄灭。

疲倦的时光像一团未编号和半遗忘的岁月一样消逝，在这段时间里，我们所有过往的岁月和经历都奇怪地交织在一起。然而，我们所遭受的痛苦并不是那种排斥思考并剥夺所有享受能力的痛苦。有时会出现一种恍惚，我们幻想着看到了适于点燃篝火的干燥树脂松木，就像几天没有吃东西之后，我们幻想着看到了面包。

天空的极致美景有时会迷惑我们的痛苦感。大熊座及其四周千百颗群星，在头顶的光辉中盘旋；银河神秘的星云拱起，异常清晰，每一颗行星都像触手可及的百合花一样闪耀着长长的长矛射线。然后，突然迸发的想象力，使得我们脚下温暖地带的美景呈现在眼前，并与其他地方的图景混在一起。我们以一种非自然的生动方式看到了静谧的幽谷、鹿和熊的出没地点，以及茂密的冷杉林，那里有大量的貌似蕨类的树枝和橙色的地衣，崇拜着那些高大的棕色树干。之后，呻吟的凄风和吹动的雪粒将幸福的景象打破，沉闷的痛苦像乌云一般将我们笼罩。

"穆尔，"杰罗梅带着可怜的虚弱问道，"你难受得很吗？""是的，"我回答，努力让自己的声音保持勇敢，"斯堪的纳维亚地狱般的痛苦，既冻结又灼烧。但没关系，杰罗梅；

黑夜终将过去，明天我们将迎来五月的春天，我们要生多么旺盛的篝火，我们要晒多么光灿灿的日光浴啊！"

霜冻越来越厉害，我们身上盖满了冻雪和冰柱，仿佛我们被摒弃于冬天的所有风暴下面。大约 13 个小时后，天开始放亮，但距离太阳到达山锥体的最高点还有很长时间。从我们躺的地方看不到云，但这个早晨乏味、蓝色、寒冷刺骨，太阳从来没有如此迟缓地去移除山峰上的阴影。我们望着苍白冷淡的光线，从闪闪发光的雪地上窥视着我们，但一小时又一小时地过去了，没有一丝我们极度渴望迎接的温暖、泛红的日出。生命的消亡，在生命力如此逐渐枯竭之后，似乎是一件简单的事情，随着努力到达营地的时间越来越近，我们开始担心还剩下多少力气，是否足以使我们穿过从此地到树林之间的数英里的寒风和积雪。

健康的登山者在极度疲惫后，总会发现自己的储备力量。这是一种只有在如此紧急的情况下才能获得的第二生命，并且有证明表示它的存在，我并不害怕杰罗梅或我自己会失败，尽管我的左臂已经麻木，悬垂无力。

在处于浸泡和蒸烫的状态之下，我们不敢尝试下山，要一直等到温度有所缓解才可以行动。最后，在这个不同寻常的 5 月 1 日大约 8 点钟，我们在躺下大约 17 个小时后站起身来，开始挣扎回家。我们冻僵的裤子几乎无法弯曲，因此，我们艰难地在雪中前行。幸运的是，水平的峰顶山梁被风吹过之后，几乎光秃秃的，所以我们不必被迫把脚抬得很高；到达满是新雪的漫长的回家坡路时，我们快速地滑行，拖着腿脚，身体的虚弱增加而非减低了我们前行的速度。下降了3000英尺后，我们感受到了温暖的阳光照在后背上，立即开始复苏；上午10点钟，我们平安到达营地。半小时后，我们听到西森在去冷杉林的路上大喊大叫，他带着马去了营地，带我们去旅馆。

好久没吃东西了，我们顾不得吃什么，而是迫不及待地喝着西森准备的热咖啡。化解我们冻僵的脚趾是一项痛苦的任务，但没有造成永久性伤害。

我们从西森那里得知，当我们的大风暴正在进行时，他们只观察到山上出现一个平静、看起来温和的云帽，这种情形没有引起人们对我们的安全有任何担忧。我们估计，山顶的降雪量在2英尺或之上；在营地，大约5000英尺的下面，我们发现只有3英寸雪，而在倾斜的山麓，只下了一场小雨，雨量只够使草地清新一番。

我们很快就上马而去，在路上，我们沐浴着烈烈的阳光——去"上帝的国度"，即西森所指的丛林地带。两个小时的车程之后，最后的积雪被抛在了身后。紫罗兰出现在小径的边缘，丛林开始鲜艳起来，盛开着新发的百合花和翠雀花。金色的阳光穿过树林，温暖着雪松和松树的棕色皱纹树干，看起来多么美丽！鸟儿在我们经过时紧紧盯着我们，我们好想跟每一朵花聊上几句。

下午4点，我们到达草莓谷，上床睡觉。第二天早上，我们似乎从死亡中复活了。我的卧室洋溢着生机勃勃的阳光，我从窗户看到巨大洁白的沙斯塔山锥体披着云朵和森林，将之高高地举在天空中。美丽的世界出现在眼前，多么清新、充满阳光、像新生儿一般！西森的孩子们带着野花走进屋来，鲜花铺满了我的床，我们在山顶上漫长的冰风雪暴之中的痛苦，似乎全都是梦幻一场。

8 沙乡年景美如画

奥尔多·利奥波德（1887 – 1948），美国威斯康辛大学教授、生态学家、林学家、美国 20 世纪环境保护运动的先驱人物，其代表作《沙乡年鉴》对当今全球的环境保护运动，特别是土地伦理、野生动物保护以及人与自然的关系，产生了巨大的影响。

利奥波德于 1887 年 1 月 11 日出生于美国艾奥瓦州的伯灵顿市。他自幼热爱户外活动，早早地培养出亲近大自然的美好品德和细致观察动植物的卓越才能。

1900 年，吉福德·频丘负责筹建美国农业部林务局，并捐资给耶鲁大学建立了美国首个林学院。听到这一消息，年仅 13 岁的利奥波德兴奋不已，立志要投身林业。1905

年，利奥波德考入耶鲁大学主修林业专业，次年进入研究生班。

1909年，利奥波德从耶鲁大学毕业，加入美国林务局，来到位于亚利桑那州和新墨西哥州的第三地区，担任阿帕奇国家森林的林业助理员。1911年，利奥波德调任位于新墨西哥州的卡森国家森林，在那里一直待到1924年，其间，他为林务局编写了第一份野生动物和鱼类手册，并写出吉拉荒野地区建议书，使之成为林务局的首创荒野区。

1924年，利奥波德被调往美国林务局位于威斯康辛州麦迪逊市的林产品实验室，担任副主任。

1933年，利奥波德被任命为威斯康辛大学农业经济系野生动物管理专业教授，成为美国第一位野生动物管理学的权威学者。同年，他被任命为威斯康辛大学麦迪逊植物园的研究主任。

1935年,美国林务局组织6位林业科学家赴德国和奥地利考察,利奥波德参加考察团,专注野生动物管理领域。这次欧洲之行对利奥波德的思想产生了极大的影响,激发了他关于美国林业、野生动物管理以及荒原生态等领域的新思考。

利奥波德于1912年与爱斯泰拉•伯格瑞结婚,两人育有5个子女。1935年,利奥波德夫妇在威斯康辛州中部的苏克郡,以每英亩8美元的价格购置了一处面积80英亩的废弃农场。该农场的树林曾被肆意砍伐,又因过度放牧,出现严重的土地沙化现象。利奥波德带领全家,利用周末和假期改良土壤,并修建了一个木屋。在自家的农场,利奥波德将他的生态理论付诸实践,并著书立说。

利奥波德的有关大自然的写作,充满了一种感人的魅力。凭借他多年积累的专业知识、细致入微的户外观察、以及高超的写作能力，利奥波德将自然界的花草树木、飞禽走兽、山河湖泉统统联系在一起，将之置于一个统一的生态体系予以研讨。更为重要的是，利奥波德把他的生态思想升华成为一个独创的土地伦理观。他把自己的观察、思考和论述记录成书稿，标题为《沙乡年鉴》。该书以日记的形式，记叙了威斯康辛私家农场在一年四季中的自然变化，用栩栩如生的文字，描绘出大自然之美和人类由于不当的生态观念所造成的巨大破坏。书中还包含了他在美国林务局各地多年工作的经历。在书的后半部分，利奥波德坦率地批评了当时美国社会普遍存在的人对大自然的傲慢态度和肆意破坏环境的恶劣行为。

1948年初，利奥波德终于完成了书稿的写作，并与牛津大学出版社接洽了出版事宜。当年3月4日，利奥波德为全书写了一篇序言。4

月21日，利奥波德的邻居家的农场发生野火，他立即前往帮助扑火。不幸的是，在扑火过程中，利奥波德突发心脏病而去世，享年61岁。为了完成父亲的未竟事业，利奥波德的儿子鲁钠在利奥波德教授的研究生的帮助之下，对《沙乡年鉴》的书稿进行了全面的校对，使这部伟大的作品于1949年出版发行。至今，《沙乡年鉴》已经总计出售200多万册，并被翻译成十多种文字。

《沙乡年鉴》原书共分为三个部分。在第一部分中，利奥波德以诗歌般的语言，描绘了他在威斯康辛自家农场一年中12个月的种种变化。每个章节都突出一个主题，在各章的结尾，利奥波德阐明他的生态观。让我们来欣赏书中的一些片段，感佩利奥波德教授笔下的大自然景象。

一月：冰雪消融

经历了隆冬的暴风雪之后，元月的某一天，大地突然回暖，臭鼬首先从雪中露头，蠢蠢欲动。利奥波德以臭鼬在丛林中的见闻为主线，描述了山雀的歌声、觅食的小鹿、草地上的毛脚鸡、以及林中兔子的足迹。

二月：好栎木

在这一章的开头，利奥波德写道："一个人如果没能拥有一座自己的农场，就会面临两个思维陷阱，其一，会以为早餐是从杂货店买来的；其二，会以为室内的温暖来源于火炉。要避免第一个陷阱，你就得建一个菜园；要避免第二个陷阱，你得亲自砍掉一株橡树，劈柴过冬。"

利奥波德通过砍伐一株80年生的大橡树，在锯齿由外及里的进锯过程之中，他由近及远地回顾美国的历史，倒叙从20世纪30年代回溯到 19 世纪中叶的重大变迁。利奥波德书写了刻在年轮上的橡树的一生，通过橡树的年轮，它的生长过程，穿插美国的历史解说。从一粒橡子到参天大树，80 个春秋见证了橡树的命运。当你充分理解了橡木历经 80 个春秋的风雨和阳光之后，走进暖融融的小木屋时，才能真正懂得阳光和时间的价值。利奥波德运用锯子每切割到一个年轮时所展开的思考这一独特笔法，从后向前，对美国的史实进行了深刻的回顾和剖析。

三月：鸿雁归来

这一章的开头是："孤燕不成夏，但当一群大雁的身影从阴沉的天空飞过，你就知道，春天来了。"利奥波德通过报春的大雁，又通过一只麝鹿在沼泽中悄悄的观看，来描述从群雁到孤雁是怎样一个过程，对人类射杀大雁表达出控诉和愤懑，让读者深深地记住鸿雁的哀鸣。

四月：春水滔滔、大果栎、空中飞舞

在这一章的第一节"春水滔滔"里，利奥波德描写了四月份开满沙地的葶苈："它所要求的和所获得的只是一点点温暖和舒适，它生存在被其它生物抛弃的时间和空间里。"

利奥波德写道："葶苈没有动人心弦的力量，没有什么动物会吃它，也没有诗人吟诵它，它只是一个能迅速、完美地完成小任务的小小生物。"

利奥波德在这一章的第二节中引用了约翰·穆尔的《我的青少年生活》对马凯特郡林草的回忆。"如果你拥有一棵古老的大果橡树，你就相当于拥有了一座历史图书馆。"

在这一章的第三节中，利奥波德描述了农场从四月到五月份天天上演的舞蹈秀，重现了各种飞鸟的表演。"自从我发现了这美妙的空中舞蹈之后，我每年最多只打一两只丘鹬，以确保来年四月，还有足够多的舞蹈家飞舞在黄昏的天空中。"

这一章中的名句包括："当春汛来临时，你能从上游漂来的木板，来了解河岸边农场的经营历史，品读每一本"图书"。再请看这一句："只有跪在泥土上寻找春天的人，才能看到漫山遍野春的身影。"

五月：从阿根廷归来

利奥波德写道：蒲公英在草场上盛开，就标志着五月来到了。同样，五月里，高原鹬刚刚飞行4000英里，从阿根廷归来。利奥波德对于高原鹬合拢翅膀的动作进行了详尽的描述，展现出何为"优雅"。在这一章中，他强烈呼吁对候鸟进行保护。

六月：桤木汊——垂钓之歌

在这一章中，利奥波德用淡淡的笔触，描绘了泉水汩汩地流出，而后注入河汊的场景，在这般美景中垂钓白鲑和鳟鱼，是何等的享受。利奥波德道出垂钓者的最高境界，即在意的不是钓上来的鱼有多大，而是垂钓的经历，或者，并非收竿时鱼篓有多满，而是历久弥新的记忆。

七月：大富豪、草原生日

在这一章中，利奥波德对他所称之为"佃户"的描述，让人想起爱默生对自然地景并非某人所专有的提法。这一章的两处精华，其一是，七月盛夏，利奥波德在早晨三点半已经开始他的观察活动。他记录了一连串的动植物，按照进入他的关注顺序，包括：原野春雀、知更鸟、蓝靛白颊鸟、鹩鹡、浣熊、水貂、梭鱼、苜蓿、婆婆纳、野生莴苣。当朝阳升起的时候，鸟类大合唱已经接近尾声，田野的远处传来缓缓走向草场的叮当作响的牛群，邻居的拖拉机冒着黑烟，发出阵阵轰鸣。

此时，利奥波德合上他的笔记本，磕掉烟斗里残存的烟灰，准备回家享用早餐。

另一处精华是对草原上各类花草的描写。利奥波德告诉读者，从四月到九月的每个星期，平均有10种野花第一次绽放。到了六月，几乎每天都有十多种花朵绽放。那一年，罗盘草在7月24日第一次绽放，比以往晚了一周，在过去的六年中，它盛开的时间都是7月15日。

利奥波德抱怨说，割草机造成了壮观的草原时代的终结。他将人类的墓园视作植物的葬礼之地。利奥波德承认，人们都身处发展这条河的逆流中。于是，他敦促众人，在周末，应该去偏远的森林中过绿色生活，即使在工作日，也应尽可能地去亲近大自然。利奥波德和他的研究生，在10年中，抽时间记录了威斯康辛大学校园和毗邻麦迪逊市郊区的野生植物每年的首次开花的时间。利奥波德通过研究发现，从四月至九月，发展迟缓的农场，其植物首次开花的种类，比郊区和大学校园几乎多一倍。由此他得出结论，所谓落伍的农民所享受的视觉大餐，其实比大学生和城市的商人们要丰盛接近一倍。因此，他呼吁人类应在保护植物的前提下而追求发展。他大胆提出，应该停止清理杂草。利奥波德叹息道，罗盘草随割草机的推广使用而消失，一部又一部的珍贵自然历史书籍，就这样遭到焚毁。

"成千上万的动植物相生相克，逐渐构建了我们现在的世界。当最后一头水牛离开威斯康辛，没有多少人感到悲伤，相信当最后一株罗盘草追随水牛去往极乐世界的美草原时，也不会有多少人会为之叹息的。"

"那漠视植物像机器似的人，正为他自己逐步清理出的景观而自豪，他将在自己所创造的环境中度过一生。"

利奥波德的观察表明,农场越发达,它所拥有的植物群就越少。他的结论一针见血地指出了植物群落收缩的重要原因。他同时还揭示出教育的重要作用,由于人们只会为自己熟知的人或物而感到哀伤,所以,要大力宣传环保的重大意义。

八月:芳草青青

"一条河就是一幅画,每到仲夏时节,在完美无瑕的一天,当伟大的白云舰队在天空中巡航,你就可以慢慢悠悠地走在河堤,去看看大画家是不是已经开始挥毫泼墨了。"

利奥波德用诗一般的语言描绘了河流作画的冲动,以及转瞬即逝的美丽。但他告诉人们,见识过自然之美的人,在脑海中留存了美丽的画卷,人们会企盼来年的又一个夏天。

九月：灌木合唱团

这一章中的名句包括："显而易见的事物往往是平庸无奇的。人们所期盼的东西，总是比唾手可得的东西更有价值。"

十月：如烟金秋、太早、红灯笼

在这一章里，利奥波德叙述了狩猎松鸡和捕猎鹧鸪的经历。关于狩猎的背景，他说道：溪流是个懒洋洋的家伙，它环绕着桤木流淌，就好像它不想汇入大河，宁愿一直待在这儿似的。

在述说了猎手的乐趣之后，利奥波德展现了落叶松落到地上铺成的迷雾般的金色地毯美景。他不无嗔怪地说，太阳应该为沉寂从世上褪去而负责。

黑莓叶子在十月份似红灯笼，这一景观也没能逃脱利奥波德捕获美景的双眼。

十一月：假如我是风、执斧在手、坚实的堡垒

十一月的风，匆匆吹过苞谷地，玉米秸秆轻轻哼唱，空空的谷壳漫天飞舞。利奥波德想象着，假如他是十一月里的风，他会吹乱沼泽草甸中的漩涡，抽打远处的柳条，树林脱光枝叶的粗干，即使企图抗争，却无力阻挡呼啸而过的疾风。在沙洲上，风随意飘向河岸的短木，水中平日的野鸭、白鹭和沼泽鹰全都不见踪影。头顶上，大雁一声长鸣，不时，随风而去。利奥波德畅想：风随雁去，假如我是风，亦当如此。

十一月亦是挥动斧头的月份。利奥波德写道，他执斧在手，走进树林，四处张望，迟迟没想好，斧头到底是砍向白桦、颤杨，还是松树？他最终拿定主意：我爱所有的树木，但我已经深深恋上青松。

利奥波德透露说，自从购买了农场之后，不仅接手了许多树木，而且还有大量的树病虫害。一株空心的老椴树，虽然对农夫用处不大，却给鸟类提供可观的食物。树洞或许还是松鼠过冬的栖身之所。通过以上的描述，利奥波德向读者介绍了生物链的复杂性以及物种之间的依存关系。

十二月：家园、雪上青松、65290

野生动物的活动范围究竟有多大？利奥波德在这一章中说道：山雀在冬季的活动半径大约是半英里，夏天则更广。关于动物家园的准确科学报道依然罕见，可以肯定的是，每一处农场便是一本动物生态学的教科书。

利奥波德在这一章的第二节中说，创造活动通常留给神仙和诗人去做，但如果把种树看作创造活动，只要有一把铁锹，普通人也能做到。利奥波德说，只要身板硬朗，铁锹尖利，种上几百株甚至几千株，也不成问题。种树之后，到了第七年，你就可以把铁锹靠在树上，尽情欣赏自己的劳动成果。

在这一章的第三节中，利奥波德描绘了他跟踪调查山雀的研究过程和结果。从 1937 年开始的 10 年期间，他和几名研究生总共给 97 只山雀幼雏绑上了标识牌。利奥波德发现，65290 号是唯一存活 7 年的山雀，另有 3 只达到 4 年，7 只活过 3 年，19 只存活了 2 年，其余 67 只在第一个冬天之后，就彻底消失。在文末，利奥波德表达了他的愿望，希冀 65290 号山雀找到了新的家园，并且依然佩戴着它的标识牌。

《沙乡年鉴》好似一幅幅精美的山水图画，一幅幅令人赞不绝口的自然世界的美景，将美国中西部地区的地貌景观，按照一年四季的变化，逐月呈现给读者。那般美丽、高贵、生动和多样性，让每个读者称奇。利奥波德引领读者跟随他随着四季之变，观赏一幅又一幅的自然风光画，山丘、草甸、沙地、河岸，在徜徉山水之间，利奥波德教授把三月北归的鸿雁描绘成忠于家庭和谐的谦谦君子，将罗盘草的神奇款款道来。利奥波德从科学的层面阐述荒原保护的重要性，从生态学的层面剖析美国经济社会发展进程中出现的掠夺式开发的弊端。最后，他从哲学的高度，呼吁建立一个全新的土地伦理观。他在盛赞美国自然之美的同时，大声疾呼要全力保护人类赖以生存的土地、山川。利奥波德的超前思想，为 20 世纪末期兴起的全球环保运动，奠定了坚实的理论基础。《沙乡年鉴》已经成为全世界环保的一部圣经。

9 烈烈的绿焰

1909年，利奥波德从耶鲁大学林学院获得硕士学位，加入新近成立不久的美国林务局。当年八月，利奥波德带领一个小队，深入位于亚利桑那州的阿帕奇林区开展森林调查工作。他和队员的具体任务包括摸清林区东侧森林样貌，编绘林分地图。

一天下午，利奥波德和一名下属坐在一块向外凸出的山岩上正在吃着午餐。突然，他俩发现脚下湍急的河段有几只动物正在从对岸涉水过河。起初，他们以为是鹿，定睛看去，发现是一头母狼带着五六只狼崽已经爬上河岸，朝着他俩的方向而来。在20世纪初的美国西部，人们脑子里装满了清除猛兽的观念，以便保护鹿和牛羊等家畜。面对此等良机，利奥波德和他的同事举枪朝狼群射击，然后飞快地跑下山岩。一只狼崽被打瘸了腿，挣扎着逃往树林之中。母狼也中枪倒地，发出阵阵的吼叫声。利奥波德用枪头顶触狼的身子，老狼扑向他，用牙齿咬住枪口。两人向后退去几步，死死地盯着老狼，在老狼断气的一刻，利奥波德突然看到狼的双眼射出一束烈烈的绿光。许多年之后，利奥波德写道：

> "我们靠近老狼，近得能看到它死去时两只眼睛放射出的一束烈烈的绿焰。我当时意识到，而从那一刻起渐渐懂得，老狼的双眼中有一种对我来说全新的东西，那种东西只有她和大山才真正懂得的东西。"

亲眼目睹行将死去的老狼眼中放出的绿焰，这一幕场景困扰了利奥波德多年，他一直在苦苦地追寻究竟是什么在困扰着他。渐渐地，他终于明白了其中的奥秘。在《沙乡年鉴》第二部分的"沉思如山"一章中，利奥波德写道：

> "那时的我，少不更事，整天手痒痒地总想扣动扳机。我以为狼越少则意味着鹿会更多，狼被清除掉则意味着猎手的天堂。但是，当我看到那束绿焰消亡的时刻，我意识到，狼和大山都不会同意我的观点。从那时之后，我亲身目睹了一个又一个州铲除了狼群。我看到一座又一座没有狼群的大山，阳坡上密布着一道道鹿群踩踏出的新径。我看到每一根枝条和幼树被鹿啃食，树木先是被啃食，然后整片树林死光。"

利奥波德继续写道：

> "我现在怀疑，当鹿群在担惊受怕地活在有狼群出没的山里时，大山也恐惧地活在鹿群遍野的环境之中。一只公鹿被狼群干掉的话，两三年之后能够得到更替，一座大山被太多的鹿干掉的话，几十年也难以更替成原貌。"

"一个打光狼群的牛仔不会理解,他干了本该狼干的让牛群匹配牧场规模的事情。牛仔还没有学会像大山一样思考。于是,我们有了沙尘暴,我们的河流连同其未来被统统冲进大海之中。"

"也许,这就是梭罗名言背后的含义:世界孕育于荒野之中。或许,这正是狼嚎的暗含之意,大山早已晓得,而我们人类却知之甚少。"

与行将死去的老狼对视的经历,对于利奥波德有着震撼性的意义。从那时起,利奥波德渐渐地开始产生对野生动物的敬畏之心。他的头脑中萌生了后人总结出来的"生态中心世界观。"在此基础之上,利奥波德建立了他的土地和生态伦理理论,推翻了昔日所盛行的人类主宰大自然的陈旧观点。他的关于掠食动物与猎物的平衡理论,对日后的野生动物管理和荒原生态保护产生了巨大的影响。

利奥波德是美国第一位推动荒野保护的林业工作者。1913 年，利奥波德在一次林区考察中患上急性肾炎。在其后的长时间修养中，利奥波德广泛阅读，并且深刻思考森林与野生动物乃至整个生态系统之间的关系。在当年七月为卡森林区报《卡森松果》撰写的一篇文章中，利奥波德表达了他对森林资源保护的观点，认为森林保护应该包括木材、水、畜牧资源、农业用地、游憩资源、狩猎动物、鱼类、以及自然美景。

1915 年，利奥波德为美国林务局撰写了全局第一份狩猎与鱼类手册，详细描述了在国有林管理中应该倡导的狩猎章程和鱼类保护措施。营养级联的概念在《沙乡年鉴》的第二部分有较为详尽的叙述。利奥波德指出，对于狼作为捕食动物的过度猎杀，导致整个生态系统的严重失衡。这一观点在多年之后被越来越多的生态学者所接受。

  美国在 20 世纪 30 年代推行的捕食动物猎杀计划，造成一些地区狼群的彻底消失。1995 年 1 月，时任美国内政部部长布鲁斯·巴比特，参加了重新将灰狼引入黄石公园的活动。他写道：透过铁笼，我直视野狼的双眼，回想着利奥波德坚决反对联邦林务局猎杀狼群的计划。他向我们鲜明地阐述了野狼在整个生态系统中的关键作用，在他死后半个世纪的今天，我们才终于懂得了他的伦理观和大自然的法则。

  利奥波德在其四十年的专业生涯中建树颇丰。他于 1921 年 11 月，在美国林业学报上发表题为"荒野及其在森林游憩政策方面的地位"一文，呼吁为游憩目的而建立大面积荒原。在利奥波德的建议下，美国林务局于 1924 年 6 月在吉拉国有林内划定了美国第一个荒野区。

20世纪20年代,利奥波德在做了大量的调查研究之后得出结论,美国西部的国家森林应该采取一种特殊的保护措施。他得出这一看法的缘由是当时在美国各地方兴未艾的修建森林道路的行为,而林区道路的修建与机械化,特别是汽车工业的高速发展有着直接关系。此外,新兴的旅游业是另一个重要因素。在之后的二十多年里,利奥波德不断充实他的生态伦理学和土地伦理学理论,意在更好地保护荒原。利奥波德深刻认识到,人际关系、社会关系、人类与土地的关系几者之间,存在着复杂而密不可分的联系。

1924年,利奥波德调任美国林产品试验室助理主任一职。1928年,利奥波德因与所在单位领导意见相左而辞去林务局的职位。

20世纪30年代,利奥波德已经成为全美国最著名的狩猎动物管理权威。他倡议,不应只依靠建立野生动物保护区以及狩猎法规来保护特别动物物种，而应该鼓励社会和民间共同合力，实行科学管理野生动物栖息地的有关措施。1933年，利奥波德的专著《狩猎动物管理》出版，奠定了他在美国野生动物研究领域的权威地位。同年七月，威斯康辛大学为吸引利奥波德加盟，专门为他设立了一个名为"狩猎管理教授"的位置，因此，利奥波德成为全美国第一位野生动物学教授。该教席设在农业经济系中，利奥波德教授的主要任务是帮助恢复因毁林和不当农耕而造成的地力破坏。

20世纪30年代，在美国，关于"荒原"的概念出现了新的变化。利奥波德主张不应将荒野视作狩猎或游憩场所，而应将其看作生物体系的重要组成部分。按照这一思路延申下去，狼群和美洲狮等大型野生动物也应被视作重要的生态种群而加以保护。1935年，利奥波德帮助创建了美国荒原协会，该机构的宗旨包括致力于保护美国的荒原。利奥波德认为，这一协会应帮助教育民众，端正人类在大自然中的位置。为此，他撰写多篇文章，用自身的生态知识和亲身经验，宣传新的生态保护理念。

1950年，美国野生动物协会创立了一个以利奥波德的名字而命名的年度奖项，以表彰他的贡献。

1980年，位于新墨西哥州的吉拉国家森林被命名为奥尔多·利奥波德荒原。

1982年，利奥波德的5个子女共同创建了奥尔多·利奥波德基金会，这一非盈利性保育组织的宗旨在于促进新的土地伦理观。利奥波德的子女将父亲在20世纪30年代修建的小木屋和周围的300英亩林地捐赠给基金会。如今，基金会的总部包括利奥波德中心，推动一系列教育和指导活动。每年，成千上万的游人来此参观，了解利奥波德的著作和思想。

1987年，艾奥瓦州立大学设立了利奥波德可持续农业中心。该中心自设立以来，不断尝试推行新型可持续农业措施，包括开发新型自然资源保护以及减少对环境和社会的负面影响。

利奥波德的出生地，即艾奥瓦州的伯灵顿市，业已建立了利奥波德传承集团，致力于促进在全球范围推动利奥波德的思想和精神。

1993年，美国林务局在位于密苏拉市的蒙塔纳大学设立奥尔多•利奥波德荒原研究所，该研究所致力于开发和传播知识，以促进荒原、公园和保护区的管理。

2007年，威斯康辛州设立了一个包括42条步道的州立系统，被命名为奥尔多•利奥波德遗产步道系统。

2012年，利奥波德中心与美国林务局合作，摄制了一部专题纪录片，名为"烈烈的绿焰：奥尔多·利奥波德与我们时代的土地伦理"。这部影片在全美国众多电视台播放，并赢得西部纪录片爱米奖。

利奥波德一生对田野和森林保持着高度的热情。在谈到自己的童年时，他说自己特别喜欢研究鸟类，尤其对小型鸣禽鹪鹩情有独钟，他喜欢常常出没于灌木丛和岸边草丛、尾巴翘得高高的鹪鹩那清脆嘹亮的歌声，和那从低枝飞向树梢的优雅美态。利奥波德对于荒野和大自然的认识深深地受到梭罗的影响。梭罗的名言"世界孕育于荒野之中"是利奥波德最为喜爱的箴言之一。

10 圆圆的河流

在1949年首次出版的《沙乡年鉴》第三部分中,利奥波德阐述了他的生态理论,即土地伦理观。在利奥波德看来,生态是关于群落的科学,而人类关于生态体系的良心便是有关群落生命的伦理学。

利奥波德在书中指出:"当土地对其所有者有利的时候,同时,土地所有者亦从其土地获利之时,两者则形成良好的合作伙伴关系,这时,便出现土地的保育。"

土地伦理是《沙乡年鉴》一书的精华。在这一章节中,利奥波德详述了他的生态良心理论。利奥波德写道:"保育是人类与土地之间的和谐状态。"保育的原则最终应该"服从法则,做出正确的选择,参加一些组织,在你自己的土地之上实施不亏损的保育活动,其余的事情由政府去负责。"利奥波德说："完整地看，保育是一个缓慢而又冗长费力的过程，在这一过程之中，人类与土地的新型关系渐渐展现出来。"

利奥波德阐述说："土地伦理，简而言之，便是将群落的边界扩展，从而包括土壤、水流、植物和动物，或统称为：土地。这样讲，听起来过于简单，难道我们不是一直在讴歌对自由土地的爱恋，赞美勇敢的家园吗？是的，但是，我们爱恋的是什么，爱恋的对象又是谁？肯定不是土壤，因为我们正在手忙脚乱地将土壤倾倒进河流；肯定不是水流，因为我们想象着水流除了能转动发电机，漂送驳船，冲泄污水，别无他用；肯定不是植物，因为我们连眼睛都不眨一下就根除了整个群落；肯定不是动物，因为我们已经灭绝了许多最大和最漂亮的种类。一个土地伦理当然不能够防止这些所谓的'资源'的改变、管理和利用，但是，这一伦理实实在在会确定这些物种继续生存的权力，至少在某些地点，能确保它们以天然状态而继续存在。简而言之，土地伦理会把人类从土地群落中的征服者变成一个普通成员，成为一名公民。这意味着人类对于其他成员的尊重，也表明对整个群落的尊重。"

利奥波德于1948年不幸逝世之后，他的遗作《沙乡年鉴》在儿子鲁纳的主导之下，由牛津大学出版社于次年出版发行，这段故事人所共知。然而，于1953年发表的《圆河》却知者甚少。利奥波德一生笔耕不辍，写下了大量的日记和野外观察笔记。鲁纳在整理父亲遗物时，发现多篇手稿，包含了利奥波德教授在《沙乡年鉴》一书中并未被纳入的重要生态思想。鲁纳花了数年时间，将部分文章编辑成一本新书，以《圆河》为标题于1953年出版。

1966 年，当牛津大学出版社再版《沙乡年鉴》一书时，发行了简装本，除了原书的章节之外，《圆河》中的 8 篇文章也收入《沙乡年鉴》的新版之中，这些章节单独组成一个部分，名为"品味乡间"。

关于书名的来历，书中的章节"圆河——一个寓言故事"给出了解释。

> "威斯康辛早期的一个奇观是那条圆河，一条流向自己的河流，河水流呀流，永不停歇地转圈流淌。……威斯康辛不仅有一条圆河，威斯康辛本身正是一条这样的河流。河水流淌的能量，从土壤流出，灌入植物，继而是动物，之后又流回进土壤，以永无止境的生命循环而流淌着。"

利奥波德用"圆河"作为比喻，告诫世人我们赖以生存的环境是蕴含复杂关系的生态系统。例如，岩石风化形成土壤，土中长出橡树，橡树结出果实，橡果成为动物的食物，动物为人类提供肉品，等等。关于生态体系的学科便是生态学。利奥波德指出，生态学是一门年轻的学科，就像婴儿一样，正处在刚刚咿呀学语的阶段。生态学前景广阔，日后将成为一门圆河知识，而这门学科的核心便是保育。

鲁纳在《圆河》的前言中写道：利奥波德一生钟爱两样东西，一是沙乡农场自己和家人亲手建造的木屋，另一个便是威斯康辛圆圆的河流。

《圆河》共分三个部分，由20篇日记和散文所组成。第一部分仅有一篇散文，题为"一个男人的闲暇时光"。文章的主旨概括成一句话便是："无知男人的无聊时光是多么的可悲。"

第二部分的标题是"乡间"。利奥波德在文中写道："土地和乡间两者中存在着莫大的混淆。土地是苞谷、沟壑、按揭所生长的地方。乡间是土地的品格，是土壤、生命和天气的和谐集合体。"

利奥波德继续写道："贫瘠的土地可以是富裕的乡间，反之亦然。唯有经济学家将物理上的财富误认为是富饶。乡间可以富庶，尽管存在明显的物理禀赋意义上的贫穷，这样的乡间品质并非第一眼就显而易见。"

在文章的末尾，利奥波德写道："乡间正如人们，平平的外表常常掩盖了暗藏的富庶，要想洞察则需要长时间生活在那里去体会。……三月里一片湿乎乎的苞谷地，看似索然乏味，当大雁的一声长鸣响彻晴空时，玉米地便残景尽消。"

《圆河》的第三部分标题正是"圆圆的河流"，包括三篇散文，分别是："保育"、"圆河——一个寓言故事"、"大雁美曲"。这一部分的文字表达了利奥波德的生态观和保育理念。在"大雁美曲"一文中,利奥波德讲述道,他一个秋天看到总共一千只大雁从头顶飞过。他对野生动物的热爱和对大自然的情怀跃然纸上。利奥波德在文末写道:

> "我有着与生俱来的狩猎狂热,我还有三个儿子。他们从小不点时就开始玩弄我的诱猎物,在空地上用小木枪寻找猎物。我希望留给他们的是有个好身体,接受良好的教育,甚或有些许本领。然而,假如山丘上没有了鹿,丛林里没有了鹌鹑,我的儿子们即使拥有以上那些东西,又有何用?当草甸上不再听到鹬的脆鸣;当夜幕降临沼泽时,草甸上绿翅鸭不再欢唱,水鸭不再窃窃私语;当东方的晨星暗下来时,天空中不再有振翅的飞鸟;当晓风吹过古老的棉田,微光掠过山岭和年迈的河流,悄无声息地滑过棕褐色的沙洲时,如若再也听不到大雁的美曲,该如何是好?"

正像他的前辈，诸如梭罗和穆尔等人一样，利奥波德崇尚"天然、野性、自由"的信条。在《沙乡年鉴》的前言中，利奥波德向美国人民发出他的终极提问：以失去天然、野性和自由事物为代价而获得的更高生活水准，真的值得吗？他进一步阐明，保有年年能看到大雁的机会，比观看电视更为重要；而能够找到一朵白头翁花的机会，就像言论自由的权力一般不可剥夺。

利奥波德有着传奇般的成长经历，他从田野里的小男孩，到美国西部的林务官，再到美国野生动物管理学之父，从生态经济学教授到环境保护运动的先贤，利奥波德已经成为自20世纪后半叶以来几代生态学家、环保人士和保育工作者的楷模。

21世纪的人们太应该感谢利奥波德教授对生态保育运动的巨大贡献。经过多年细致的观察和深入研究，利奥波德确信，政府并非是土地保育的唯一拯救者，而土地所有者应该发挥更大的作用。事实上，土地所有者甚至是土地保育的最为重要的环节。

《沙乡年鉴》中关于土地伦理学的著名表述包括："当一件事物试图保护生物群落的完整性、稳定性和美丽的时候，这件事物便是正确的，反之，则是错误的。"

如今，每年的春季、夏日和秋天，成百上千的青少年和大自然的爱好者，前往威斯康辛州的沙乡，参观利奥波德教授住过的木屋，领悟他对"圆河"的理解，朗读《沙乡年鉴》中诗一般的语句。1977年，利奥波德赢得以美国著名自然历史学家约翰·巴勒斯命名的"约翰·巴勒斯奖"，该奖表彰利奥波德教授在美国保育事业中的终生贡献，特别是他的代表作《沙乡年鉴》。

谈到《沙乡年鉴》一书的影响力，《旧金山纪事报》刊登的书评指出："我们可以在书架上，将这本书与梭罗和约翰·穆尔的作品并列摆放在一起。"

后记

完成了全书10章的草稿之后,仍然觉得意犹未尽。爱默生、梭罗、穆尔、利奥波德,无疑是美国山水的一泓清泉和三座丰碑。第一次接触爱默生的作品还是在读大学本科时,当时只是囫囵吞枣地读了几篇爱默生的散文,并未深刻理解他的富于哲理的学说。梭罗的《瓦尔登湖》虽然早有涉猎,但深入了解是2016年7月初的那次康科德之旅,置身梭罗的小木屋,伫立瓦尔登湖畔,加深了对梭罗所提倡的简约生活的理解。

穆尔和利奥波德的名字,都是上世纪90年代在UBC读博时听到的,前者是在一门林业政策课上,后者是在一次林业生态讲座上。穆尔的作品如行云流水,读来畅快淋漓;而利奥波德的《沙乡年鉴》,

刚读到第一部分的 12 个月内各种动植物的描述，就觉得不胜其烦，于是，快速跳到最后关于土地伦理的论述部分。2019 年夏天，从温尼伯驱车前往威斯康辛州的巴拉布农场，参观利奥波德教授亲手修建的小木屋，之后又移步威斯康辛河畔，望着头上的蓝天和脚下的沙洲，感悟良多。

美国山水之大，绝非一两部书能够概括；四位大师级的灵魂人物，也非几篇文章能够勾勒出来。让这本小书为热爱大自然和生态保育人士做出一点点贡献，借此机会与诸位智者仁者一同乐水乐山。最后，奉上一首小诗，以飨读者：

> 瓦尔登湖水涟漪，
> 沙斯塔山天朗清。
> 威州农场今又绿
> 幽谷逢春百鸟鸣。

2021 年 12 月 30 日于大温素里

参考文献

Anon. 1971. "Henry David Thoreau", in *Highlights of American Literature – A Course in American Literature for the Advanced Study of English*, pp. 17-23. English Teaching Division, Information Center Service, United States Information Agency. Washington, D.C.

Anon. 1971. "Ralph Waldo Emerson", in *Highlights of American Literature – A Course in American Literature for the Advanced Study of English*, pp. 10-16. English Teaching Division, Information Center Service, United States Information Agency. Washington, D.C.

Emerson, Ralph Waldo. [1836] 2019. "Nature", in *Nature and Other Essays*, pp. 3-55. Gibbs Smith, Layton, Utah.

Finch, Robert and Elder, John (eds.). 2002. "A Sand County Almanac" by Aldo Leopold, in *The Norton Book of Nature Writing*, pp. 376-397. W. W. Norton & Company, Inc., New York.

Finch, Robert and Elder, John (eds.). 2002. "A Week on the Concord and Merrimack Rivers—Concord River" by Henry David Thoreau, in *The Norton Book of Nature Writing*, pp. 170-172. W. W. Norton & Company, Inc., New York.

Finch, Robert and Elder, John (eds.). 2002. "Nature" by Ralph Waldo Emerson, in *The Norton Book of Nature Writing*, pp. 141-144. W. W. Norton & Company, Inc., New York.

Finch, Robert and Elder, John (eds.). 2002. "Walking" by Henry David Thoreau, in *The Norton Book of Nature Writing*, pp. 180-205. W.

W. Norton & Company, Inc., New York.

Flader, Susan L. and Callicott, J. Barid. 1991. *The River of the Mother of God*. The University of Wisconsin Press, Madison, Wisconsin.

Leopold, Aldo. [1949] 1966. *A Sand County Almanac*. The Random House Publishing Group, New York.

Leopold, Aldo. 1921. "The wilderness and its place in forest recreation policy". Journal of Forestry. Volume 19, Number 7, pp. 718-721.

Leopold, Aldo. 1924. "Grass, brush, timber, and fire in southern Arizona". Journal of Forestry. Volume 22, Number 6, pp. 1-10.

Leopold, Aldo. 1933. "The conservation ethic". Journal of Forestry. Volume 31, Number 6, pp. 634-643.

Leopold, Aldo. 1934. "Conservation economics". Journal of Forestry. Volume 32, Number 5, pp. 537-544.

Leopold, Aldo. 1953. *Round River – From the Journals of Aldo Leopold*. Edited by Luna B. Leopold. Oxford University Press, Oxford/New York.

Lorbiecki, Marybeth. 2016. *A Fierce Green Fire – Aldo Leopold's Life and Legacy*. Oxford University Press, New York.

Muir, John. [1894] 2015. "A Near View of the High Sierra" (Chapter 4 in *The Mountains of California*), in *John Muir Wilderness Essays*. Introduction by Frank E. Buske, pp. 103-133. Gibbs Smith, Layton, Utah.

Muir, John. 1877. "Snow-storm on Mount Shasta". Harper's New Monthly Magazine. Volume 55, Number 328, pp. 521-530.

Muir, John. 1911. "To the High Mountains", Chapter 4 in *My First Summer in the Sierra*. Houghton Mifflin Co., Boston and Constable, London. Sierra Club.

Nielsen, Larry A. 2017. "Aldo Leopold: A Very Large & Important Sumpin". Chapter 3 in *Nature's Allies – Eight Conservationists Who Changed Our World*, pp. 65-93. Island Press, Washington, D.C./Covelo/London.

Nielsen, Larry A. 2017. "John Muir: Earth-Planet, Universe". Chapter 1 in *Nature's Allies – Eight Conservationists Who Changed Our World*, pp. 13-37. Island Press, Washington, D.C./Covelo/London.

Thoreau, Henry David. [1849] 2000. "A Week on the Concord and Merrimack Rivers—Concord River", in *Walden and Other*

Writings, pp. 315-321. The Modern Library, New York.

Thoreau, Henry David. [1854] 2004. *Walden*. 150th Anniversary Edition with an Introduction by John Updike. Princeton University Press, Princeton, New Jersey.

Thoreau, Henry David. [1862] 2000. "Walking". Atlantic Monthly, in *Walden and Other Writings*, pp. 627-663. The Modern Library, New York.

Thoreau, Henry David. 2000. *Walden and Other Writings*. Introduction by Ralph Waldo Emerson. The Modern Library, New York.